EL DIOS *que* USTED BUSCA

EL DIOS *que* USTED BUSCA

BILL HYBELS

BETANIA

Un Sello de Editorial Caribe

Una división de Thomas Nelson, Inc.
Nashville, TN – Miami, FL

www.editorialcaribe.com
E-mail: editorial@editorialcaribe.com

Título en inglés: *The God You're Looking For*

Publicado por *Thomas Nelson Publishers*

Traductor: *Eugenio Orellana*

ISBN: 0-88113-532-1

Impreso en EE.UU.
Printed in U.S.A.

Dedicatoria

A mis hijos, Shauna y Todd. Si pudiera, pondría en fila
a los hijos de todo el mundo…
Papá
Y como siempre, a la congregación
de Willow Creek Community Church.

CONTENIDO

Reconocimientos

Mi agradecimiento especial a Judson Poling por su ayuda con el manuscrito.

INTRODUCCIÓN

¿Existe o no existe?

■

Está de pie detrás de una sólida puerta de roble a la espera de que el secretario del tribunal termine de asegurarse de que todos estén presentes. Después de un leve movimiento de cabeza, el secretario procede a empujar la puerta, abriéndola. Entonces ve cómo le miran al entrar los que están sentados en un inquieto silencio. Le basta una ojeada para darse cuenta de que los otros en el jurado muestran en el rostro una mirada de firme resolución. Se pregunta si su aspecto estará a tono con el de ellos.

El juez espera que usted y el resto de los miembros del jurado estén sentados, mira al presidente del jurado y le pregunta: «¿Han llegado a un veredicto?»

«¡Sí, Señoría!»

Toda la sala tiene concentrada su atención en usted y en sus colegas. Hay una sensación de incertidumbre y expectativa respecto a lo que ocurrirá. Bajo la dirección de una conocida firma de consultores especializados, cada uno de ustedes, doce en total, fueron seleccionados por la defensa y el fiscal. Los abogados usaron las palabras adecuadas para apelar a las emociones de los integrantes del jurado, haciendo uso de todo su talento y conocimiento para presentar el mejor caso posible.

Mientras tanto, usted permance junto con sus compañeros del jurado con quienes ha pasado los últimos días evaluando la evidencia, respondiendo a sus propias preguntas, así como a las preguntas formuladas por los demás miembros del jurado y después de todo eso han llegado a una decisión que dentro de un instante dará a conocer a toda la sala del tribunal.

Aunque la mayoría de los miembros del jurado se sienten seguros de la decisión a la que han llegado, usted se siente agobiado al pensar que ninguno de ustedes está *absolutamente seguro* en cuanto al veredicto. Pero al recordar las instrucciones finales del juez le dice que no tiene por qué sentirse totalmente seguro. Aun en un juicio donde el veredicto sea vida o muerte para el acusado, no hay un solo juez en este país que pueda pedir al jurado certeza absoluta. Nuestros antepasados decidieron que esperar evidencia suficiente en un juicio para convencer a todos los miembros del jurado, más allá de *toda* duda, es tan irracional como irreal. La vida no funciona de esa manera.

■

Vivir al borde de la probabilidad

Si lo piensa bien, en casi cada dimensión de la vida diaria usted toma decisiones basadas en probabilidades más que en pruebas concluyentes. Cada día, centenares de miles de personas abordan un avión para dirigirse a otra ciudad. La mayoría ha hecho arreglos para su arribo: quién los va a recoger, a qué hora, cómo van a llegar al hotel, dónde se van a quedar, aunque nadie sabe con absoluta certeza que si una vez que el avión emprenda el vuelo, aterrizará en su destino propuesto. Más del 99 por ciento de los vuelos llegan a su destino, lo que hace que la mayoría de los pasajeros supongan que tendrán un aterrizaje seguro al final del viaje. Pero a menudo factores como acciones terroristas o una falla mecánica muestran su horrible rostro que impacta lo suficiente como para que nadie que suba a un avión se sienta absolutamente seguro.

Salvo en el campo de las matemáticas y de la lógica formal, la vida debe ser negociada sobre la base de probabilidades. Pocas veces disfruta del placer de tomar decisiones basadas en suficiente evidencia como para silenciar cualquier escepticismo.

¿Por qué le sudan las manos el día de su boda? Porque no puede decir con absoluta certeza que su nuevo estado de vida durará hasta que la muerte los separe.

No puede estar absolutamente seguro de que mañana por la mañana tendrá su trabajo como siempre. ¿Qué pasaría si un incendio destruye la planta? ¿O si una fusión de varias compañías le deja fuera? *En realidad* no sabe si la carne que se está comiendo en ese restaurante de comida rápida está contaminada y le está suministrando a su organismo una dosis de tomaínas envenenadas. Todos estamos obligados a vivir con un grado de incertidumbre y crecemos pesando evidencias, considerando datos y tomando nuestras decisiones basados en probabilidades.

Lo mismo ocurre en el juicio con que abrimos este libro aunque, hay que admitirlo, este juicio fue muy diferente de cualquier otro. Porque hizo algo que dejará estupefacto a más de uno: Sometió a Dios mismo a juicio. La pregunta es si en realidad Él existe. Las preguntas han estado ahí durante milenios pero ahora es el momento para dilucidar el asunto.

Sin embargo, como en cualquier juicio, debe entenderse desde el principio que no tiene sentido insistir en pruebas absolutas. Una persona debiera estar en condiciones de decir: «Estoy convencido, más allá de toda duda razonable, de que Dios existe. La evidencia es lo bastante convincente y los argumentos son lo suficientemente lógicos como para que yo, con toda sinceridad, llegue a la conclusión, usando mis mejores facultades mentales, de que hay un Dios».

Volvamos la cinta y revisemos la evidencia. Usted es uno de los miembros del jurado. Los cielos y la tierra están esperando oír su respuesta.

¡Demuéstremelo!

El fiscal es un hombre fornido, pulido por los años de haber estado tratando de hacer oír su voz en diversas audiencias. Su habilidad retórica se ha perfeccionado y con el peso de sus preguntas va a mantenerle a usted y al resto de los miembros del jurado pegados a los espaldares de sus asientos.

¿Su ventaja? Él no tiene que probar nada. Lo único que tendrá que hacer será sembrar suficientes dudas, crear suficientes interrogantes de modo que para el abogado de la defensa parezca imposible responderlas todas, y luego dar con un obstinado jurado que sencillamente se niegue a ceder.

«Muy bien», dice, «si Dios existe, explíquenme cómo pudieron morir trece personas inocentes, entre ellas un bebé, en el tornado de la primavera pasada. Si Dios existe, ¿cómo fue que permitió que una joven pareja de recién casados abordara el vuelo 800 de la TWA para iniciar su nueva vida juntos, pero el avión explotó en pleno vuelo y nunca lograron su propósito?»

La cadencia que el abogado imprime a sus palabras les da un ritmo de *staccato* y con eso logra echar por el suelo las defensas de sus compañeros del jurado mientras usted permanece como hipnotizado por su voz. «Si Dios existe, ¿cómo es que el cáncer nos come desde adentro al mismo tiempo que las guerras y el hambre nos amenazan desde afuera? ¿Cómo?»

Se da cuenta de que varios miembros del jurado empiezan a asentir con la cabeza. Como la niebla, el «¿cómo?» del fiscal se queda flotando en el aire hasta que él prosigue: «Si Dios existe, ¿por qué no responde a todas nuestras plegarias? Si Dios existe, ¿cómo es que no podemos ponernos de acuerdo sobre cómo es? ¿Será la nada de los budistas, el Dios exacto de los musulmanes o, como dicen los cristianos, el amante Padre de Jesucristo? ¿Cómo podemos saber lo que es correcto y lo que es incorrecto?

«¿Por qué, si Dios existe, hay niños que nacen con hambre, personas piadosas que mueren pobres, y gente buena azotada por incendios y terremotos? ¿Cómo, después de todo, podría ser un Dios bueno si no puede controlar el tiempo, los elementos ni nuestra sociedad?»

Mientras escudriña los semblantes de los doce miembros del jurado, el rostro del fiscal se ilumina de confianza y seguridad. Sabe que ha hecho un buen trabajo. Con sus argumentos ha extirpado la esperanza y la vida en usted, y no fue muy difícil.

Conoce la historia de cada miembro del jurado. Sabe que a uno de ustedes se le murió su madre del mal de Alzheimer; otro perdió un hijo en un accidente automovilístico. Sabe que dos de ustedes fueron despedidos de su trabajo después de once y veinte años de servicio respectivamente. Sabe que uno de ustedes perdió a un familiar en un terremoto en California. Ha tocado sus miedos como un violinista toca las cuerdas de su instrumento y ahora concluye sus argumentos antes que pueda disiparse alguna de las dudas que logró despertar entre ustedes.

«Si Dios en realidad existe», concluye, «¿por qué hoy más que nunca tan poca gente cree en Él? ¿Por qué le ha tomado tanto tiempo convencernos de que todavía Él vive? ¿Por qué no se muestra de una vez por todas y despeja toda duda?»

Guarda silencio hasta que el rostro de cada miembro del jurado tiene fija su atención en él. «De hecho», dice, bajando el tono de la voz hasta casi un susurro, forzándolos a prestarle toda su atención, «si Dios existe» —luego alza la voz hasta convertirla en un grito— «¿por qué no me mata aquí mismo por argumentar contra Él?»

Horrorizado, se echa hacia atrás en su asiento, casi esperando que un rayo caiga en la sala del tribunal, pero no pasa nada. El fiscal enmudece para recuperar el aliento, luego se vuelve, tranquilo, con una sonrisa de satisfacción en sus labios.

«Todavía estoy aquí», dice, «y eso prueba que Dios no existe». Volviéndose hacia el frente de la sala, se dirige al juez y le dice: «Su Señoría, he terminado de exponer mi caso».

La defensa

La abogada de la defensa, una mujer de aspecto profesional de más de cuarenta años, con el cabello recortado y anteojos sujetos alrededor del cuello por una cadena, se pone de pie y se dirige a ti.

«Lo único que este hombre ha probado» dice, fríamente, «es que necesitamos a Dios más que nunca. No puedo hacer que usted vea a Dios. No puedo ponerlo delante de usted para que lo toque.

No le puedo prometer que va a oír su voz si lo llama pronunciando su nombre.

»Pero le puedo decir que hay varias razones por las cuales usted puede confiar en la voz de su corazón que le dice que Dios existe. Esos argumentos no van a impedir que la lluvia de sus dudas siga cayendo, pero le van a dar un techo bajo el cual se pueda refugiar».

Todavía aturdido por la explosiva conclusión del fiscal, se acomoda en su asiento, agradecido por el alivio que la tranquilidad de la abogada de la defensa trasmitía.

«Primero —y no quiero que esto lo vaya a asustar— está lo que los historiadores han dado en llamar el argumento «cosmológico». La palabra *cosmológico* viene de dos palabras griegas: *cosmos*, que quiere decir mundo, y *logos* que en este caso quiere decir razón. Pongamos juntas estas dos palabras. ¿Qué tenemos entonces? La razón para el mundo.

»Hay una cantidad de variaciones sobre este argumento, pero esta mañana voy a usar una que contiene tres diferentes fundamentos. El primero es el llamado principio de las razones suficientes. Comenzamos con la presunción innegable de que algo existe. Tóquese el brazo».

La mayoría de los miembros del jurado, entre ellos usted, lo hace.

«Siente algo, ¿verdad? Esta mañana, cuando venía hacia acá, mientras caminaba allí afuera, ¿qué vio? ¿árboles? ¿césped? ¿el lago Michigan? ¿el sol tal vez? Sé que esto es Chicago y en esta época del año podemos preguntarnos si el sol en realidad existe. Como muchos habitantes de Chicago, tengo una calcomanía pegada en el parachoques de mi auto que se refiere exactamente a cómo me siento en relación con el tiempo que tenemos aquí: «¿Has abrazado últimamente a tu bomba extractora de agua del subterráneo?»

Se ríe. La abogada continúa:

«Cualquiera que sea la forma en que usted se sienta, no puede negar que el tiempo de Chicago existe. Alguien puede decir que el tiempo de Chicago ocurre, pero en cualquier caso, está ahí y usted lo siente, ¿no es así?» Mueve la cabeza en señal de asentimiento.

La abogada prosigue: «La pregunta cosmológica es, «¿Para qué existen las cosas?» Supongamos por un momento que no existiera nada. ¿Requeriría esa nada una explicación? Vengan conmigo, les prometo no llevarlos por la zona de la nada. Pero definitivamente la nada no requiere una explicación. Pero en el fugaz segundo en que algo existe, en esa millonésima de segundo estamos forzados a lidiar con la pregunta de *por qué*. ¿Por qué existe tal cosa? ¿Por qué *algo* en lugar de *nada*?

»El segundo fundamento —el «principio de contingencia»— se relaciona con la necesidad que cada cosa tiene de algo más. La mayoría de las cosas dependen de algo más que de ellas mismas. Los árboles necesitan aire, el césped necesita agua, y los «Cachorros de Chicago» necesitan seguidores, para no decir que necesitan un buen zaguero, pero no vamos a entrar en eso hoy.

»Nada es totalmente independiente o autosuficiente. En realidad, aun las teorías de cosmología dominantes confirman nuestras observaciones. La teoría de la gran explosión, por ejemplo, dice que en una época el universo no existía y que probablemente no existirá para siempre.

»La segunda ley de termodinámica nos enseña que cada cosa en nuestro universo está en un estado gradual de entropía, desintegrándose gradualmente, perdiendo gradualmente energía y complejidad. Si usted tiene alguna duda, voy a encomendar a mis investigadores que desentierren una de sus fotos de graduación de la escuela de segunda enseñanza y la comparen con la de su más reciente licencia de conducir. ¡Va a ver que incluso usted está en estado gradual de entropía!

»Estos dos primeros fundamentos: que todo es dependiente de algo más y que todo se está degradando, nos llevan al tercer fundamento: Si todo lo que existe es casual, ¿quién o cuál es la explicación para todos estos objetos y seres casuales? Si todo depende de algo más, ¿cuál es la base que sostiene el todo?»

La abogada de la defensa se dirige al lugar donde está el jurado. Se inclina por sobre la baranda que lo aísla del resto de la sala y mira a todos a los ojos. Luego dice: «Para poner la cuestión de una manera diferente: Si hubo una gran explosión, ¿quién tiró del gatillo?»

Se dirige ahora a un estrado y quita la cubierta de una gran foto del universo. «Vamos a hacer un viaje imaginario de un segundo por el universo. Miren todo lo que existe. Imagínense todas las galaxias, las estrellas, los planetas, todo. Ahora», dice mientras toma un lápiz marcador de color rojo, «vamos a hacer un círculo alrededor de cada cosa, y cuando digo cada cosa, quiero decir todo. No pasaremos por alto ni siquiera la más diminuta partícula subatómica. Vamos a incluir cada cuerpo celeste, y toda la "materia negra" que los científicos dicen que existe allí afuera».

Con la mano y derecha, la abogada traza un círculo alrededor de la foto. «Dentro de este círculo tenemos todo lo que existe en el universo. Todo lo que hay dentro del círculo depende para su existencia de algo más, y todo lo que hay dentro del círculo está decayendo lentamente. Esto», dice, mirando al fiscal, «es una afirmación irrefutable.

»Ahora, la gran pregunta, la única pregunta que realmente importa, es: En primer lugar, ¿qué hizo que todos esos elementos casuales existieran? Y en segundo lugar, ¿qué hizo que empezaran a decaer?

»Lógicamente, la respuesta a esta pregunta se encuentra en solo uno de dos lugares: o dentro del círculo o fuera de él. No hay más opciones. Entonces ¿cuál parece ser la explicación más lógica?

»Sin duda, no es *dentro* del círculo. Ya hemos visto que cada cosa es fortuita. Si algo es fortuito, no es autosuficiente. Entonces ¿cómo pudo haber causado todo?

»Una persona inteligente ¿no tendría que concluir que la explicación de todo lo que existe dentro del círculo se encuentra *fuera* del círculo? Si hay algo fuera del círculo, este algo tiene que ser fortuito, sin causa, autosuficiente, totalmente independiente. Para decirlo de otra manera, tendría que ser eterno, ilimitado y todopoderoso. Y tales adjetivos se acercan peligrosamente a la definición clásica de Dios».

«¡Objeción!», retumba a través de la sala la voz del fiscal.

«¡Por supuesto que sí!» La abogada de la defensa sonríe. Volviéndose al juez, le dice: «Su Señoría, durante siglos infinidad de personas han luchado con este "rompecabezas del universo".

Lo han estudiado, lo han disecado, y la mayoría ha descubierto que es lógico, que tiene sentido racional.

»A decir verdad, añade, «tiene más sentido que sugerir que porque alguien no le manda la muerte en ese momento, esa persona no existe».

Guarda silencio y se vuelve al fiscal. «Si persiste en su posición, ¿por qué no me da un golpe en el rostro?»

«No me educaron para tratar de esa manera a una dama», responde el fiscal.

«¿Quiere decir que va en contra de su naturaleza?»

«Creo que puede decir eso».

«Entonces podríamos pensar que está en contra de la naturaleza de Dios mandarle a usted, caprichosamente, la muerte solo porque usted no cree que Él existe».

»El silencio», agrega, «no prueba nada».

«Objeción denegada», dice el juez con una voz monótona. «Defensora, prosiga con su alegato».

Diseñador de genes

«La primera prueba, a la que los historiadores llaman la prueba cosmológica, mira el cosmos y pregunta: ¿Quién puso todo eso ahí? La segunda prueba se conoce como la prueba teleológica y formula esta pregunta: "¿Por qué todo es tan ordenado y complejo?"

»Permítaseme ilustrar este punto. Digamos que usted va a Las Vegas y lanza un dado, y le sale un uno. No se va a sorprender. Si lanza el dado de nuevo, y le sale un dos, igualmente le parecerá normal. Pero si una tercera vez lanza el dado y le sale un tres, es posible que empiece a preguntarse qué está ocurriendo. Y si sigue lanzando y con cada lanzamiento le sale un cuatro, un cinco, un seis, va a empezar a hacerse preguntas.

»Si se mantiene todo el día lanzando el dado y el patrón se repite invariablemente: uno-dos-tres-cuatro-cinco-seis, uno-dos-tres-cuatro-cinco-seis, por último usted se va a poner de pie y va a decir: "Esto no puede ocurrir por casualidad. Alguien *tiene* que estar jugando conmigo". Usted diría eso porque sabe que la casualidad llega hasta cierto límite.

»Durante siglos, la gente observó las complejidades y maravillas del universo y simplemente supuso que detrás de todo eso tenía que haber un maestro diseñador. Eso se lo decía a la gente el sentido común. No fue sino hasta el siglo dieciocho que este pensamiento tradicional fue básicamente confrontado por algo irónicamente llamado la Edad de la razón, cuando científicos empezaron a postular que los orígenes de la vida podrían explicarse por procesos casuales durante largos períodos de tiempo».

La abogada se detiene para evaluar su mirada. Luego pregunta: «Dígame, ¿qué diría usted si una planta siderúrgica explotara y, para su sorpresa, como resultado de la explosión se creara un automóvil? ¿Y cuáles son las probabilidades matemáticas de una colisión casual de gases flotantes que den origen a tan siquiera un microorganismo vivo, para no mencionar un proceso tan complejo como la fotosíntesis o una acción tan conmovedora como un águila en vuelo?

»Recuerde lo que básicamente dice la prueba teleológica: La explicación del azar para la complejidad y diseño y orden de este mundo es altamente, *altamente* inverosímil así como descabellada. El filósofo William Paley escribió en una ocasión: "Sencillamente no puede haber un diseño sin un diseñador, como no puede haber un invento sin un inventor. No puede haber orden sin opción".

»Aun Carlos Darwin, el padre de la teoría evolutiva, entendió esto. En su *Origen de las especies*, admite: "Suponer que el ojo, con tantas partes trabajando juntas pudo haberse formado por selección natural parece —lo confieso abiertamente— absurdo".

»Él dijo algo cierto. Es absurdo. Para los interesados en números, un eminente científico calculó que la probabilidad de la creación fortuita de una sola molécula de proteína era de uno en diez elevado a la 243 potencia de número de años. Es decir, diez con doscientos cuarenta y tres ceros —billones de trillones de años— para una sola molécula de proteína, sin hablar de algún tipo de vida.

»Cuando se considera la simple maravilla fisiológica de nuestros ojos y oídos, nuestra piel, nuestro sentido del tacto y del olfato, nuestra capacidad emocional y mental... bueno, se requiere más fe para ver esas cosas como producto de una explosión de gases que para creer que somos producto del diseño de Dios.

»¿Se puede usted imaginar a una madre que mira el rostro de su bebé recién nacido y dice: "¡Oh, qué amorosa colisión de gases!"? Esperamos tanto que un amoroso bebé sea un "accidente" de la naturaleza como esperaríamos que una explosión en una tienda de telas produzca un hermoso diseño de pantalones vaqueros. Los pantalones vaqueros fueron diseñados por alguien. No son producto de un accidente y nunca creeríamos que simplemente "ocurrieron". Y claro, nuestros genes son algo más complejo que un par de pantalones».

Sabiendo que ha conseguido la atención de los miembros del jurado, la abogada acelera el paso.

¿Quién dice?

»Hay todavía un tercer punto», sigue diciendo, «bastante sencillo en realidad. Y es este: ¿Cómo es que los seres humanos de cualquier lugar, a lo largo y ancho del mundo, reconocen un código moral común?

»Piense en esto. Si los seres humanos simplemente evolucionaron partiendo de gases primitivos, si son nada más que gérmenes crecidos o progresos recientes de homínidos bípedos, ¿cómo es que en casi cada cultura sobre el planeta la gente valoriza más al que habla verdad que al mentiroso, la cortesía sobre la violencia y la lealtad sobre la traición? ¿Son los gases, gérmenes o genes capaces en sí mismos de crear un código de valores notablemente consecuente e implantarlo en la mente y el corazón de miles de millones de personas, individualmente?

«Me asombra que muchos de los ateos que conozco son miembros de algunas causas caritativas y humanitarias. Es absolutamente inconsecuente para un ateo creer que no somos más que un accidente y aun así preocuparse de lo que les ocurre a los demás accidentalmente. Por definición, un ateo dice que no somos seres creados a la imagen de Dios y que no tenemos una ley moral estampada en nuestro corazón. Pero al mismo tiempo, este mismo ateo está tratando de apelar a algún código de moralidad —¿de dónde vino y por qué tendría que obedecerlo?— para detener el salvaje exterminio de ballenas y para crear conciencia en la gente sobre las necesidades de los desamparados.

»Si somos producto de un accidente, ¿por qué no podría ser que los desamparados no sean sino un desafortunado accidente en la escala evolutiva, el antisocial que no pudo adaptarse? Y si es así, ¿por qué habría de preocuparme por ellos?»

Yo sé que Él vive

«Ya casi terminamos», prosigue la abogada. «Hay solo una prueba más que me gustaría presentar, prueba que está lejos de ser concluyente, pero que cuando se combina con las otras, es muy precisa. Se le conoce con el nombre de la prueba de la experiencia religiosa, y se basa en la noción de que millones de personas confiables han sentido la presencia de Dios, han sentido su dirección en su vida, y han experimentado su fuerza preparándolos para alguna tarea.

»Sin duda, es muy posible que una persona engañada o mentirosa pueda inventar una experiencia religiosa, pero no estamos hablando de una o dos y ni siquiera de algunos centenares de casos. Estamos hablando de miles de años de historia en los cuales algunos de nuestros mejores y más finos pensadores —bien ajustados, no fumadores de mariguana— a través de todo el mundo han dado testimonio de una experiencia real con Dios. Líderes políticos, altos magistrados de los tribunales de justicia, científicos, sociólogos y economistas honorables. Todos dicen sentir que Dios los ama y aseguran haber sido perdonados por Él. De alguna manera saben que Él es real, porque se han encontrado con Él.

»Y mientras nosotros que tenemos una relación con Dios valoramos mucho estas experiencias, la verdadera pregunta para ustedes, miembros del jurado, es, ¿cómo vamos a responder a todos esos cristianos de tan diferentes culturas y estratos sociales?

¿Están alucinados centenares de millones de cristianos de todo el mundo? ¿Son unos mentirosos? ¿Puede esto, sinceramente, ser descartado como una conspiración muy bien organizada?»

La abogada defensora termina su alegato. «No espero que alguien crea en la existencia de Dios basado únicamente en la prueba religiosa, pero considerada con las otras —que debe de haber alguna explicación fuera del universo por qué existe todo lo que existe; que debe de haber algún diseñador detrás de un mundo tan intrincadamente diseñado; que debe de haber algún autor detrás de un código moral tan consecuente— creo que es tremendamente precisa».

¿Qué les parece a ustedes?

■

El Dios que usted busca

La abogada de la defensa ha presentado su caso y la evidencia queda en sus manos. Como la atención del juicio se centra ahora en ustedes, el jurado, se les pide que tomen una decisión. La respuesta será más importante y mucho más urgente, de lo que ustedes se imaginan.

Algún día tendrán que responder por lo que hicieron con estas evidencias sobre la existencia de Dios. Van a tener que responder: «¿Qué hizo que hubiera algo en lugar de nada? ¿Qué hizo que ese algo fuera algo ordenado? ¿Y qué hizo que ese algo ordenado llegara a ser «algunas» personas que tienen un sentido de lo correcto y lo incorrecto? Por último, ¿cómo es que millones de estos «algunos» afirmen sentirse amados por Dios y aseguren que hablan con Él?

En efecto, personas sinceras de todas partes admiten que a altas horas de la noche, mientras mantienen la mirada fija en el techo, Dios los visita y les dice en forma no audible pero sí perceptible en su corazón: *Vamos. Dejen de correr. Dejen de aparentar que no me necesitan. Dejen de seguir echándome a un lado como si no existiera. Abran el corazón. Descubran quién soy realmente y qué estoy dispuesto a hacer. Déjenme mostrarles lo que puedo hacer con ustedes.*

La pregunta para ustedes ahora es: «¿Cómo responderán?»

Si ya es cristiano, no se perturbe ni se avergüence al proclamar valientemente que camina y habla regularmente con un Dios que está ahí. No tiene ninguna razón para amilanarse cuando alguien desafía su fe, porque su fe no se basa en arena movediza o simples deseos. Su fe tiene un fundamento fuerte, un fundamento racional, y un fundamento preciso, producto de la lógica y la experiencia.

Puedo suponer sin temor a equivocarme que algunos de ustedes que leen estas líneas son «buscadores», personas lo bastante interesadas en la verdad como para dedicarle tiempo a la lectura de un libro como este, pero no tanto como para decir: «Estoy convencido más allá de toda duda razonable». Quizá se pueda describir como una persona que «mira desde afuera»; es decir, todavía en el proceso de pesar la evidencia.

Le tengo una sugerencia. Cuando Dios le visite la próxima vez, y Él le va a visitar, simplemente dígale: «Muy bien. Sé que eres real. Muy dentro de mí lo he sabido siempre. Dios, te ruego que me perdones por posponer esto y dejar que el tiempo pase».

Si siente que necesita hacerlo, siéntase en libertad de agregar: «Dios, vas a tener que darte a conocer a mí. Ayúdame a entender quién eres. Ayúdame a entender mejor quién es Jesucristo, y qué hizo en la cruz por mí; actualmente nada de esto tiene sentido para mí, pero ayúdame a poner todas las piezas juntas en mi mente de modo que pueda entender y ponerme pronto en acción».

Sospecho que el Dios que conozco es el Dios que usted busca. Él no es el Dios de sus pesadillas. No es el Dios de un evangelista gritón y fervoroso. No es el Dios que espera ansioso que caiga para entonces dictar su sentencia de ira con alegría ilimitada.

Por el contrario, Él es un Dios que quiere tener una amistad íntima con usted. Es el Dios que ha orquestado cada suceso de su vida para darle la mejor oportunidad de conocerlo de modo que pueda experimentar la medida completa de su amor.

No creo que hay una persona en un millón que entienda plenamente con cuánto amor le ama Dios. De una cosa estoy seguro: Dios se interesa por usted mucho más de lo que usted cree.

Le invito a que lo descubra. Este es el momento de echar a un lado las caricaturas, los temores, las mentiras y las incomprensiones que se han venido acumulando durante siglos acerca de quién es Dios, en realidad.

Pero primero tiene algunas tareas que debe concluir. ¿Cómo votó? ¿Está convencido de la existencia de Dios, y ansioso de llegar a conocer a este Dios que ahora está seguro de que en realidad existe? Si es así, entonces siga adelante, va a descubrir, como lo he hecho yo, que la mejor parte de creer en Dios es descubrir cuán maravilloso Él es.

O quizá todavía esté preocupado por algunas persistentes preguntas. Quizá le diga: «Creo que has hecho algunas cosas buenas, Bill, pero...»

Está bien. Sígame. El próximo paso que necesita dar es tratar de conocer la naturaleza de este Dios que yo, y millones de cristianos como yo, digo que existe. Quizá todavía no crea en Él, pero al menos se impone la necesidad de conocer al *verdadero* Dios de la Biblia. ¿Por qué? Porque creo, con todo el corazón, que el Dios a quien conozco y amo es el Dios que en realidad usted busca.

Siga leyendo, y dígame si no está de acuerdo conmigo.

1

¿Busca a un Dios...

QUE LO SEPA TODO?

■

Cuando estaba en la escuela de segunda enseñanza, una vez al año, durante dos semanas seguidas, todas mis fuerzas las dedicaba a un solo propósito: formar parte del equipo de baloncesto. Cuando me despertaba por la mañana, pensaba en lo que tendría que hacer para impresionar al entrenador. Al almuerzo, mi preocupación era comer lo que me permitiera jugar lo mejor posible. Como a las tres de la tarde, me encontraba divagando en la clase y casi totalmente obsesionado con la idea de estar mentalmente preparado para la prueba de capacidad.

Y cada día, desde las tres a las cinco de la tarde, treinta muchachos nos convertíamos en «propiedad» del entrenador. Era el sol en torno al cual orbitábamos. Si nos ordenaba que corriéramos en formación hasta que sintiéramos que las piernas se resistían a sostenernos, corríamos y corríamos. Si nos decía que no hiciéramos caso de las ampollas en nuestros pies o los dedos magullados de nuestras manos, apretábamos los dientes y seguíamos como si nada. Si nos decía que teníamos que mantener los brazos en alto en actitud de defensa, lo hacíamos hasta que el dolor de los hombros era insoportable por el esfuerzo.

Todo nuestro trabajo estaba concentrado en una cosa: Queríamos pertenecer al equipo y estábamos dispuestos a sacrificar lo que fuera para lograrlo.

Por último, cerca de la segunda semana de pruebas, el entrenador nos reunía y nos daba su discurso anual. «Muchachos», nos decía, «treinta de ustedes han estado tratando de quedar en el equipo, pero solo once lo lograrán. El viernes a las tres de la tarde, voy a colocar una lista fuera de mi oficina, en el vestuario. Si aparecen en la lista, estarán en el equipo. Si no, no estarán en el equipo. Nadie será dejado fuera por error, de modo que no se les ocurra hacer preguntas. ¿Entendieron?»

Treinta cabezas se movieron asintiendo.

«Muy bien. ¡Van a hacer una prueba más para convencerme de que merecen estar entre los once!»

Tratábamos desesperadamente de convencer al entrenador de nuestras virtudes. En esa última prueba sudamos hasta la última gota, tanto que podríamos perfectamente haber formado una laguna. Cuando nos acercábamos a las cinco, no había uno de nosotros en el gimnasio que no sintiera como que sus piernas habían sido víctima de un contorsionista sádico. Nuestros pulmones ardían, nuestros ojos nos parecían irritados por el sudor que corría por nuestros rostros, y casi nos arrastrábamos hacia las duchas, preguntándonos si nuestros esfuerzos habrían sido suficientes.

Al día siguiente, a las tres de la tarde, el movimiento era fuera de lo normal al exterior de la oficina del entrenador. Treinta muchachos, llenos de esperanza delirante y una buena dosis de temor corríamos apenas tocaba la campana. Solo once lograrían integrar el equipo. Recuerdo cómo caminaba detrás del grupo mientras miraba los choques de manos por las palmas y escuchaba los gritos de alegría, pero también viendo los rostros de los que se alejaban en silencio y cabizbajos.

El grupo era tan grande que recuerdo que trataba de leer la lista desde unos tres metros. En tales situaciones, pide a sus ojos que vean lo imposible: que encuentren de inmediato su nombre en la lista de once. Quiere que el primer nombre que vean sus ojos sea el suyo, porque ir descendiendo línea a línea en la lectura es un ejercicio dolorosísimo para un desesperado adolescente que está a punto de explotar debido a la expectación, la esperanza y el temor.

Durante diez segundos que le parecen una eternidad siente que la única cosa en el mundo que importa, lo único que valdrá la pena para el resto de su vida es ver su nombre en la lista (afortunadamente mi nombre apareció en la lista tres de cuatro veces durante mis años de estudiante).

Al mirar atrás y después que han pasado casi treinta años, me siento casi desconcertado por la importancia de aquella lista, pero al mismo tiempo con frecuencia me deja sin aliento la importancia de otra lista, la que contiene los nombres de los que pertenecen a Dios. Llegará el día en que cada uno de nosotros estaremos vivamente conscientes de esa Lista Final. En esa hora, la cantidad de dinero que hayamos ganado o las veces que apareció nuestro nombre en los periódicos no tendrán la más mínima importancia; ni la tendrá la suntuosidad de la casa en la que vivimos o la clase de poder que tuvimos o incluso cuántas experiencias emocionantes vivimos. Lo único que importará es si nuestro nombre aparecerá en esa lista.

Y como en el equipo de baloncesto hay solo una persona que puede poner nuestro nombre en esa lista. Nuestra madre no lo puede hacer. Tampoco nuestro mejor amigo. Ni nuestro pastor. Solo el Entrenador, el propio Dios, puede hacerlo.

Este libro lo leerán dos tipos de personas. Las del primer grupo todavía no están seguras si creen en el Entrenador. Para ellas, la Lista Final compite con Santa Claus y el Conejo de la Suerte como cuentos de hadas que tratan de enseñarnos a llevar una vida moral. Pero por si acaso el «entrenador» realmente exista, ellos estarían dispuestos a tratar de saber cómo es Él.

El segundo grupo, a diferencia del primero, está deseoso e incluso desesperado de complacer al Entrenador y ser parte del equipo. Algunos en este grupo se sienten como si fueran veteranos. Han jugado para el Entrenador durante varias temporadas y ya conocen bien sus rituales antes del juego, sus hábitos de personalidad, y lo que quiere decir cuando se aclara la garganta. Otros son novicios. Han oído hablar del Entrenador, lo han visto a la distancia, pero no tienen idea de cómo es Él en realidad.

Quizá le sorprenda que diga que todos —aspirantes, novicios y veteranos— tienen esencialmente la misma necesidad fundamental. Me acordé de eso cuando escuché una pregunta que se le hizo a un hombre a quien respeto profundamente. A. Sproul, filósofo y teólogo, se le preguntó lo siguiente: «En su opinión, ¿cuál es la más grande necesidad espiritual en el mundo actual?»

El doctor Sproul pensó por un momento, y luego contestó: «La más grande necesidad de la gente de hoy es descubrir la verdadera identidad de Dios». Siguió explicando que la mayoría de la gente no religiosa en realidad no entiende al Dios que han rechazado. Si lo hubieran hecho, es probable que habrían llamado a una tregua —al menos un tregua temporal— para asegurarse de que valía la pena continuar la batalla.

Entonces alguien le hizo al teólogo una segunda pregunta: «¿Cuál es, en su opinión, la necesidad espiritual más grande de la vida de los religiosos?»

Para mi deleite, Sproul dio la misma respuesta: «Descubrir la verdadera identidad de Dios. Si los creyentes de veras entendieran el carácter y la personalidad y la naturaleza de Dios, eso revolucionaría su vida».

Ahí lo tienes. La misma cosa que alimentará al aspirante ayudará también al novicio y aun pulirá las habilidades del veterano: entender la personalidad y la naturaleza de Dios. Si logramos eso, dice Sproul, se revolucionará nuestra vida.

¿Necesita una revolución? ¿Es un aspirante que nunca ha pretendido formar parte del equipo de Dios? ¿O es un discípulo de Cristo que no lo está siguiendo como debe seguirlo un cristiano? ¿Se da cuenta de que únicamente mejorando uno o dos aspectos puede hacer que todo cambie? ¿Le hace falta una transformación completa? ¿Está listo para una revolución?

De esto, en realidad, trata este libro. El poder del cristianismo está en la naturaleza del Dios a quien servimos, aunque muchos cristianos apenas entienden la verdadera identidad de Dios. Sin embargo, aquellos que siguen preguntándose si Él es el Dios que andan buscando saben aun menos.

Afortunadamente, Dios no hace de su identidad un secreto cósmico. No juega a las escondidas, donde las pistas para dar con su presencia y naturaleza están escondidas tras planetas distantes o yacen encerradas en acertijos esotéricos. Dios se anunció ampliamente al proclamar su naturaleza en forma de autobiografía en un libro llamado la Biblia. Cuando leemos su libro y lo estudiamos durante un tiempo, obtenemos una maravillosa descripción de quién realmente es Dios y nuestra propia vida experimentará la más conmovedora revolución que jamás podríamos imaginar.

Este capítulo (y los siguientes) tratará de lo que se conoce como los «omnis»: la omnisciencia de Dios, la omnipresencia de Dios y la omnipotencia de Dios. *Omni* precisamente significa «todo», de modo que de lo que estoy hablando es cómo Dios es *totalmente* algo: totalmente conocedor (omnisciente), totalmente presente (omnipresente) y totalmente poderoso (omnipotente).

Es posible que alguien diga: «Ya creo todo eso; no tengo necesidad de leer más al respecto».

¿Está seguro de que lo cree todo? ¿Está afectando la forma en que vive su vida diaria?

Volvamos por un momento a mis días de estudiante de segunda enseñanza. Durante dos semanas, treinta muchachos vivimos alrededor de un entrenador rudo y difícil. Su conocimiento era un reto para nosotros, su presencia nos espantaba, y su poder para escogernos para el equipo nos abrumaba y a veces hasta nos humillaba.

Durante catorce días ese hombre nos transformaba a todos. Claro que tenemos que reconocer que algunos de esos cambios eran superficiales y difícilmente afectarían nuestra vida para siempre —la forma en que movíamos los pies en la defensa, cómo seguir usando nuestras manos después de los lanzamientos libres—; pero en cierto sentido podría decirse que «revolucionó» nuestras habilidades basquetbolísticas.

De la misma forma, Dios quiere revolucionar nuestra vida. Al mostrarnos cómo conocerlo, puede hacer de eso la fuerza más poderosa que nos ayude a llegar a ser todo lo que queremos ser.

Vamos a comenzar con un «omni» que puede poner nervioso a más de algún aspirante a cristiano o a un cristiano superficial y al mismo tiempo proporcionar un alivio incomparable a quienes están profundamente dedicados a Dios, el Dios omnisciente.

■

Él lo sabe todo

Cuando la Biblia enseña que Dios es omnisciente —que Él tiene un conocimiento completo— no está diciendo que Dios es brillante. No está diciendo que es agudo, ni está diciendo que es un genio. Estas son expresiones de personas seriamente limitadas por factores de espacio y tiempo.

Lo que la Biblia en realidad está diciendo es que Dios lo sabe *todo*. Ninguna pregunta lo puede confundir. Ningún dilema lo puede turbar, nada lo puede sorprender. Él tiene un conocimiento eterno, intrínseco, comprensivo y absolutamente perfecto.

Nada es nuevo para Dios.

Pero su conocimiento se extiende más allá de los acontecimientos de hoy. Dios sabe cómo funcionan *todas* las cosas. Piensa en eso. Él tiene un conocimiento completo de todos los misterios de la biología, zoología, química, sicología, geología, física, medicina y genética. Él conoce las ordenanzas de los cielos, así como la razón y el curso del sol y la luna y las nubes (véanse Job 38.33; Salmos 104.19; 37.16).

Y a diferencia de cualquier otra persona, el conocimiento de Dios no está limitado al tiempo. Él lee nuestro futuro con la misma claridad con que lee nuestro pasado. Lo que vamos a ser dentro de cincuenta años es tan seguro para Dios como lo que éramos hace diez.

Dios no solo sabe por qué y cómo funcionan las cosas, sino que conoce el más mínimo detalle de su existencia diaria. A diferencia de una computadora, Él no tiene problemas de memoria que lo obliguen a borrar información para crear más espacio disponible. Aun cuando Él mantiene control sobre la luna y las estrellas, ni una sola avecilla cae a tierra sin que medie el conocimiento exacto de Dios de lo que está ocurriendo. Su conocimiento cubre incluso aparentes frivolidades, como llevar la cuenta de los cabellos en nuestra cabeza (véase Mateo 10.29,30). El escritor de Hebreos dice así: «Todas las cosas están desnudas y abiertas a los ojos de aquel» (Hebreos 4.13).

En este caso, lo que es verdad en cuanto a la naturaleza es verdad en cuanto a usted, en particular. No hay una sola motivación, pensamiento, acto o palabra que se haya deslizado de su ser y escapado de la total e indivisible atención de Dios.

Cuando estábamos probándonos en el equipo de baloncesto y cometíamos una falta, lo primero que hacíamos era mirar a través de la cancha para ver hacia dónde estaban dirigidos los ojos del entrenador. A veces, nos sentíamos aliviados al darnos cuenta de que no nos había visto; otras veces, en cambio, nos afligíamos cuando nos dábamos cuenta de que el entrenador no había visto una de nuestras mejores jugadas.

Eso no sucede con Dios. Y la belleza de su verdad es tan asombrosa que casi deja en silencio a uno de los hombres más elocuentes de toda la Biblia, un hombre que vivió hace tres mil años pero que ya conocía al mismo Dios que yo conozco, el mismo Dios al que usted posiblemente ande buscando: el rey David mismo.

Maravillado

Aunque muchos de los salmos comienzan con un contundente «Bendito sea el Señor», o «Alabad al Señor», o «Regocijaos en el Señor», en el Salmo 139 el reconocimiento que David hace de la omnisciencia de Dios es tan abrumador que no puede decir otra cosa que: «Oh Señor».

Es como si estuviera admitiendo desde el principio que las palabras no son capaces de comunicar ni una fracción del poder de su verdad. Su «Oh Señor» es un encogimiento de hombros verbal, como si quisiera decir: «¿Cómo podría expresar yo esto?»

David pudo regocijarse en el poder de Dios, pudo celebrar la belleza de Dios, pudo deleitarse en la bendición de Dios, pero cuando se trató de la forma íntima en que Dios deseaba conocer a David interior y exteriormente (el tipo de intimidad que cada uno de nosotros desea, pero que a menudo rechazamos cuando falla relación tras relación), cuando se llegó a *esta* clase de pasión, a David las palabras le fallaron completamente. El guerrero poderoso es derrotado. La lírica del poeta queda en silencio. El poderoso rey ha perdido su compostura. Está atónito.

«Oh Señor».

No hay lenguaje florido. No hay elaboradas metáforas. Solo una descripción directa de una asombrosamente poderosa verdad sería suficiente, porque no hay analogía con que compararla. La verdad misma parece demasiado hermosa para las palabras, de manera que David simplemente exclama: «Me has examinado y me has conocido». Lo que sobrecogió a David fue haber comprendido que la omnisciencia de Dios tiene el propósito de que Dios lo conozca a *él*. Sí, Dios entiende los misterios intrincados del átomo y las complejas interconexiones de nuestro sistema planetario, pero todo eso palidece en comparación con el entendimiento que David alcanza de que Dios lo conoce a *él*. «*Me* has examinado. *Me* has conocido».

Ese conocimiento se da incluso en la monotonía de nuestro diario vivir, tales como las actividades insubstanciales de sentarse y levantarse: «Tú has conocido mi sentarme y mi levantarme» (Salmo 139.2). Dios no se pierde nada. Le interesa todo. Cruce las piernas y Dios lo sabrá porque somos el objeto de su conocimiento.

«Tú conoces mis pensamientos más distantes». Dios conoce cada cosa que pensamos. Cada meditación de medianoche, cada estrategia calculada, cada tiempo de adoración privada, cada acto amable. Dios lo ve todo. No tenemos que mirar a todos lados para comprobar si los ojos de Dios están abiertos o preocupados en alguna otra parte. Están siempre dirigidos exactamente sobre nosotros, y Dios nunca pestañea. Nunca has tenido un pensamiento que Dios no haya conocido.

En el Salmo 139.3 David reconoce que Dios *sigue nuestros pasos.* «Has escudriñado mi andar y mi reposo, y todos mis caminos te son conocidos». Antes que mandemos a imprimir nuestro itinerario, Dios ya tiene una copia. Nunca hemos emprendido un viaje que haya escapado a su conocimiento. Sea que nos encontremos en lo alto de la Torre Sears o sepultados en la masa de gente que viaja en el tren subterráneo de Nueva York, los ojos de Dios están fijos en nosotros.

Dios *también conoce todo lo que decimos.* «Pues aún no está la palabra en mi lengua, y he aquí, oh Jehová, tú la sabes toda» (v. 4). Aun antes que las digamos, Dios registra nuestras palabras y aun los sentimientos que producen las palabras. Piensa en esto: ¡Dios comprueba nuestra temperatura! Él siente cuando nos llenamos de ira, se da cuenta cuando el miedo nos abraza, y ve la confianza que mengua. Bueno o malo, Dios lo ve todo.

Pero aun más maravilloso, David dice que *Dios sabe de lo que tenemos necesidad.* En el versículo 5, afirma: «Detrás y delante me rodeaste, y sobre mí pusiste tu mano». Esta es una protección perfecta, en la cual se conocen todas mis necesidades. Si tengo sed, Dios lo sabe. Si me siento solo, Dios lo siente conmigo. Él no es como un ganador de la lotería que huye de sus amigos cuando estos más lo necesitan. Él actúa en forma diferente. En medio de mis necesidades, *posa sus manos sobre mí.* ¿Qué le parece esto? ¡Un Dios que promete acercarse especialmente a nosotros antes que la necesidad se presente!

Creo que David está tan emocionado que se ve forzado a dejar de escribir. Sus manos tiemblan, sus ojos lloran y su espíritu está que explota. Por último, se las arregla para escribir el versículo 6: «Tal conocimiento es demasiado maravilloso para mí; alto es, no lo puedo comprender».

«Si escribiera algo más», parece decir, «sería una profanación. No puedo poner en el papel lo que significa estar en relación con un Dios que está tan íntimamente al tanto de todos mis caminos. Es demasiado hermoso para mí».

El más grande conquistador de Israel acepta su derrota. «Mejor voy a dejar la pluma a un lado, me quitaré los zapatos y posaré mis pies en humildad sobre este terreno santo».

A veces me he sentido así también. ¿Y tú? ¿Te gustaría sentir esto mismo? Este momento es propicio para la alabanza, la rendición, la adoración. Es lo que se encuentra haciendo David. Adora. Se siente conmovido por algo regocijante, algo que estoy seguro de que cada lector de este libro quisiera experimentar. Si yo soy el objeto de tal interés soberano, hay solo una conclusión a la que puedo llegar: *De verdad que le importo a Dios*. Y un Dios que se interesa tanto es el Dios que yo ando buscando.

Este Dios no escudriña a los árboles como me escudriña a mí. Él no se preocupa tanto por las piedras o los arbustos. Se preocupa por mí porque se siente apasionadamente conmovido por lo que yo soy.

Tal pensamiento debiera echarnos a todos sobre nuestras rodillas.

Un domingo por la mañana, después del culto, una mujer me detuvo en el vestíbulo. A poco de haber comenzado a hablar, se emocionó, me rodeó con sus brazos y me dijo: «Nunca deje de decirnos que somos importantes para Dios porque esto cambió mi vida», a lo que le respondí: «No lo haré, porque esto fue lo que cambió mi vida también, y aun hoy sigue cambiando mi vida».

La mala noticia: Él conoce tus secretos

Mientras David está sobrecogido al pensar en la omnisciencia de Dios, sospecho que algunos de ustedes se estarán moviendo inquietos en la silla. Estarán sintiendo un poco apretado el cuello de la camisa y se estarán preguntando quién puso la calefacción.

¿Cómo lo sé?

Porque yo he estado allí.

Fíjese en eso. Cuando considero el hecho de que Dios sabe todo sobre mí, tengo que admitir que, a veces, tal atención es algo así como una bendición mixta. La buena noticia es que Él de veras debe interesarse por mí para querer conocerme tan bien. La mala noticia es: Si Él está íntimamente al tanto de todos mis caminos, eso significa que está al tanto de todos mis pecados.

Y eso puede ser algo terrible.

Cuando era un niño en Michigan, la compañía de mi papá compró una finca en las afueras de Kalamazoo. Cada día yo tenía que esperar a que mi papá llegara del trabajo, y cuando el automóvil se acercaba, me dirigía a él, poniéndome tan cerca de la puerta del auto que él no podría abrirla sin golpearme. Apenas la puerta se abría, yo le empezaba a rogar: «Papá, déjame ir en mi bicicleta desde la escuela a la finca y así me podrás enseñar a manejar el tractor. ¿Quieres?»

No había nada que quisiera hacer más que arar la tierra con el tractor. Mi idea del cielo era sentarme en la silla del tractor, arrancar el motor y manejarlo, yendo y viniendo por el campo hasta que el sol se ocultara.

«Eres muy pequeño aún», me decía mi padre.

«Puedo hacerlo, papá. Sé que puedo. Solo dame una oportunidad, por favor».

Por último accedió a que me reuniera con él en la finca. Me explicó cómo arrancarlo, dónde estaba el embrague y la transmisión y cómo enganchar el equipo y trabajar el sistema hidráulico.

Yo no podía esperar. Para mí, la felicidad se deletreaba J-o-h-n D-e-e-r-e, y estaba a punto de conducirlo.

Después de mi primera lección, mi padre me llevó hasta la bomba de gasolina, y me dijo: «Un asunto fundamental que *jamás* debes olvidar es nunca echar gasolina en el tanque de un tractor caliente. Cuando estás trabajando y necesites recargarlo de combustible tráelo hasta la bomba de gasolina, apaga el motor y sal a dar un paseo o anda a echar una siesta a un fardo de heno o haz cualquier cosa, pero no trates de echar gasolina en un tractor caliente. Se te incendiaría».

«No hay problema», le dije, mientras asentía con la cabeza. Y con mi lección privada terminada, comencé mi aventura agrícola.

Durante semanas, después de clases saltaba a mi bicicleta y pedaleaba hasta la finca, ansioso de manejar el tractor. Me divertía arando la tierra. Incluso aprendí a desenganchar el equipo al final del día, darle velocidad al tractor y apretar uno de los frenos, haciendo que el tractor diera vueltas. Orgulloso, mi hermano me mostró cómo dar marcha atrás y soltar el embrague de tal manera que la llanta delantera diera un brinco en el aire. ¡La vida no me podía ofrecer nada mejor que esto!

Un día me encontraba particularmente ansioso por terminar el trabajo cuando me di cuenta de que la aguja del combustible marcaba casi vacío. Deseaba terminar porque sabía que mi papá se sentiría muy orgulloso de mí. Si esperaba a que el tractor se enfriara para recargarlo de combustible, no alcanzaría a terminar la tarea; de modo que, pasando por alto la advertencia de que nunca echara combustible a un tractor caliente, conduje el vehículo a la bomba de gasolina.

Pensé: *Él nunca lo va a saber*. Para hacerlo algo más rápido, ni siquiera me tomé la molestia de apagar el motor. En lugar de eso, de un salto subí a una pequeña escalera y empecé a echar gasolina dentro del tanque, el que estaba colocado sobre el motor caliente.

Y se produjo el desastre. Uno de mis pies resbaló, la gasolina se derramó sobre el motor, y una bola de fuego se elevó del tractor. La explosión me lanzó hacia atrás. Reboté en el suelo, aturdido y aterrorizado por lo que había hecho. Me puse de pie y vi con horror cómo las llamas envolvían el tractor y derretían las llantas frente a mis ojos.

«Soy hombre muerto», me dije.

El viaje en bicicleta de regreso a casa me pareció como si hubiera sido de casi mil kilómetros. Miré cautelosamente hacia el lugar de estacionamiento y pude comprobar con alivio que no estaba el auto de papá. Cuando entré en la casa y aparentando desinterés pregunté por él, *supe que estaría ausente por varios días.*

Al principio me pareció que era el niño más afortunado de Michigan. Pero después de un rato, la espera se me hizo dolorosísima. Se lo voy a tener que decir todo cuando regrese a casa, pensaba y cada vez que lo pensaba, el castigo que recibiría se me hacía peor.

Por último, papá regresó a casa, pero el miedo que tenía era tan grande que no pude decirle una palabra de lo que me había ocurrido. Antes, no hablaba de otra cosa que no fuera del tractor, y ahora, prácticamente me llenaba de urticaria si alguien mencionaba la palabra.

Por último opté por la salida diplomática de no hacerle caso al problema. *Voy a esperar hasta que él lo descubra*, pensé. *¿Quién sabe? A lo mejor no se da ni cuenta.*

Un par de noches más tarde, después de la cena, mi papá abrió el congelador y sacó medio galón de helado. Empezó a darnos. Dos porciones para mi mamá, dos para mi hermano y mis hermanas, y una para mí.

Lo miré y pensé: *¡Ya... no hay duda. Lo sabe!*

Aun cuando estaba comiendo helado, sentía cómo el sudor perlaba mi frente. *Se lo tengo que decir*, pensé. *De todos modos, él ya debe de saberlo. Cada minuto que me tarde no es más que una abierta traición.*

Una vez que terminamos de comer el postre, fui a la sala. «Papá, lo hice explotar. Llené el tanque de gasolina mientras el motor todavía estaba funcionando y quemé las llantas delanteras. Si quieres que pase el resto de mi vida pagando el tractor, lo haré. Prometo nunca más volver a hacerlo».

«Ven aquí, hijo».

Me dirigí lentamente hacia donde estaba mi papá y él cariñosamente me tomó en sus brazos. «Te di esas instrucciones porque no quería que resultaras herido. La próxima vez, escucha un poco mejor, ¿ya? Ahora, no te preocupes. El tractor estaba asegurado y ya lo reemplazamos. Todo está arreglado. Anda allí el lunes, listo para volver al trabajo».

Cuando abandoné la sala, tenía una comprensión totalmente diferente de la teología de confesión y del perdón.

Algunos de ustedes están haciendo cosas que Dios no quiere que hagan. Se sienten culpables. Saben que han violado la ley de Dios y la enseñanza de la Biblia. Quizás ustedes sean los únicos sobre la faz de la tierra que conozcan su pecado, pero déjenme darles algunas noticias que son tan buenas como serias.

No tienen que pasar noches de ansias preguntándose «cuando lo irá a saber». Él ya lo sabe. Quizás ustedes crean que no, pero Él ya lo sabe. No se molesten tratando de perpetuar la farsa.

Ya Él lo sabe.

«Muy bien», quizá diga alguno de ustedes, «¿entonces qué quiere Dios de mí?»

Sencillamente esto. Quiere que deje de disimular. Que sea sincero y que se decida a cambiar sus costumbres. Él no le va a condenar; simplemente quiere liberarle de la culpa que ha cargado y darle un nuevo rumbo. Ya que Él lo sabe todo, ¿qué podría impedirle reconocer sus pecados y pedirle que los perdone?

Como yo, algunos de ustedes necesitan ir a «la sala» del Padre y decirle: «Papá, lo hice explotar. Sí, lo hice explotar», y luego esperar su respuesta.

Algunos de ustedes quedarán atónitos, porque van a descubrir que a pesar de que Él conoce su pecado, los sigue amando. Su reacción no es muy diferente a la de mi papá: «Ya pasó. Comienza de nuevo pero haz las cosas en forma diferente. Yo te ayudaré».

Eso es lo que me dice el Dios que yo conozco. Esa es la buena noticia, no obstante la mala.

Y hay más noticias buenas sobre la omnisciencia de Dios: Él no solo conoce su pecado, sino que conoce todo acerca de sus cicatrices; es decir, Él no solo sabe lo que ha hecho, sino que también sabe lo que le han hecho.

Las buenas noticias: Él también conoce sus cicatrices

Cada persona es herida de una forma u otra. A medida que crecía me convencía más de eso. Es sorprendente cómo muchas personas han hecho añicos su buen concepto de sí mismas. Y cuando hablamos del asunto, dicen: «Si supieras cómo eran las cosas en casa, si supieras cómo me trataban cuando era pequeño...». O: «Si supieras el trato inhumano que mi padre le daba a mi madre», o «Si supieras lo que es el alcoholismo y cómo afectó a mi familia...»

Y, por supuesto, yo no sé, ni tengo cómo saberlo, pero Dios lo sabe. Él estaba allí, y Él no se perdió ni una millonésima de segundo de lo que ocurrió.

Las cicatrices no son solo de la infancia. Algunos tienen heridas recientes, muchas de las cuales quizá todavía están tan tiernas que aun no se les puede llamar cicatrices. Son heridas abiertas, sangrantes. Muchos de ustedes quizás estén sangrando emocional y espiritualmente debido a que sus sueños se han roto. Quizás hayan experimentado fracaso en los negocios o sufrido a través de agonizantes días y noches que terminaron en un amargo divorcio. Algunos de ustedes han sabido del horror de perder un hijo debido a un accidente o a una enfermedad incurable. Otros quizás han sufrido por fracasos en las relaciones, fracasos en los estudios, debacles económicas y quién sabe cuántas cosas más.

Es espantosa la cantidad de personas que andan por ahí con el espíritu destrozado. La semana pasada, en el salón de ejercicios, alguien me reconoció y me dijo: «Usted es el pastor de Willow Creek, ¿verdad?»

Al empezar a hablar, me di cuenta de que estaba triste por algo, así que le pregunté: «¿Cómo van las cosas?»

«Esta tarde sepulté a mi madre. Vengo del sepelio... Era todavía bastante joven».

Para muchos de ustedes, pareciera que las murallas se cierran inmisericordemente sobre la cabeza. Quizás haya oído sus propios alaridos y lamentos de angustia resonando y rebotando contra esas murallas, burlándose de usted, vituperándole y haciéndole sentir aun peor. «Mi esposo no sabe lo que yo siento. Es más, no quiere ni saberlo». «Mis padres no se inmutarían si yo desapareciera mañana. Nadie me echaría de menos».

Todos los que se han lamentado de este modo necesitan que se les recuerde algunas poderosas verdades.

En primer lugar, debes agarrarte firme a la seguridad que da la verdad de que Dios lo *sabe*. Él está *íntimamente* consciente de todos sus caminos. No se mira desde lejos. No hay sentimiento, ni dolor, ni cicatriz, ni herida que escape a su conocimiento.

Pero Él no solamente lo sabe, sino que se preocupa. El salmo dice: «Tú me has visto dar vueltas y vueltas en la cama toda la noche». Y grábate en la memoria la frase que sigue: «Tú has recogido todas mis lágrimas, y las has guardado en tu redoma. Has anotado cada una de ellas en tu libro» (véase Salmo 56.8).

En la antigua cultura del Medio Oriente cuando un soldado salía al campo de batalla, solía comprar una pequeña redoma para lágrimas que daba a su esposa o a su madre. Estas le decían: «Tu ausencia me pondrá muy triste. Voy a llorar todas las noches. Y cuando llore, verás mis lágrimas y sabrás cuán precioso eres para mí».

¿Qué le parece? Cuando Dios nos dé la bienvenida en el cielo, va a tomar la redoma de nuestras lágrimas frente a su rostro dulce, y nos va a decir: «No pasé por alto ninguna. Ni una sola».

Además de eso, Él no solo recoge cada lágrima nuestra sino que registra cada una en un libro. «Y las he escrito en mi libro». Dios nunca deja de preocuparse por nuestras lágrimas, dolores y heridas. Así es como Él muestra lo mucho que le importamos.

Gracias a un amor tan minucioso y tierno como el suyo, no hay duda de que Dios se ha ganado el derecho de decir: «Estoy íntimamente consciente de todas tus lágrimas y cicatrices».

Este es el Dios de la Biblia, el Dios que Jesús quiere que usted conozca, el Dios que anda buscando. No tiene por qué llorar solo. Nunca.

Lenta pero decididamente, refúgiese en la omnisciencia y en la compasión de Dios. Si tiene que gritarlo, gríteló: «Conozco a Alguien que me conoce. Y conozco a Alguien a quien le importo».

Veamos ahora otra noticia maravillosa: La omnisciencia de Dios significa que Él conoce nuestros actos secretos de servicio.

Más buenas noticias: Él conoce sus actos de servicio.

Si en un entrenamiento hago un lanzamiento de larga distancia pero el entrenador no lo ve, es como que nunca haya ocurrido. No me servirá de mucho. Si muestro una excelente defensa, pero su atención está puesta en otra parte, me parecerá que en cierto sentido mi esfuerzo se desperdició. Si el entrenador no las vio, aquellas cosas no me ayudarán para llegar a integrar el equipo.

Aun en la actualidad, a veces me desanimo cuando me parece que lo que hago pasa inadvertido y, por lo tanto, nadie lo aprecia. Y a menudo el desagradable silencio y el desaliento que siguen a mi acto secreto de servicio me tientan a decir: «¿Para qué todo esto? ¿Qué sentido tiene? ¿Para qué fastidiarme tanto? ¿A quién realmente le importa? De todas maneras la gente buena siempre llega de último».

Aquí es cuando necesito recordar: «Tu Padre que ve en lo secreto te recompensará en público» (Mateo 6.4). Dios observa y toma nota desde el cielo. Él sabe cuándo ha usado la lengua para contribuir a un rumor. Tome nota cada vez que salude a un extranjero o visite a una persona en el hospital o en la cárcel. Cada acto secreto de carácter, convicción y valor ha sido observado en toda su gama de colores por nuestro Dios omnisciente.

Siempre hay Alguien que le está escuchando. En cada actividad y en cada conversación Dios está presente y dice: «Yo lo vi. Continúa. Hazlo de nuevo. Te recompensaré. No has estado trabajando en vano».

Obviamente nuestras buenas obras no hacen que Dios nos ame más (porque su amor por nosotros ya está operando plenamente), pero es bueno saber que Él se alegra por nuestras buenas obras aun cuando los demás no se den cuenta.

Por último, la omnisciencia de Dios incluso puede inculcar en nosotros una seguridad sobrenatural que puede transformar. Si aceptamos eso, nuestro espíritu se inundará de valor divino para enfrentar los grandes retos de la vida.

■

Confianza sobrenatural

Cuando estaba aprendiendo a manejar el velero que mi papá tenía en el lago Michigan, él me dijo: «Sal a navegar, pero que vaya contigo un amigo».

Conducir un velero de cuarenta y dos pies de largo en una extensión de agua del tamaño del lago Michigan implica una tremenda responsabilidad. Pero acepté el desafío, así que logré interesar a un amigo de la escuela para que me acompañara y salimos a navegar. Pasamos el rompeolas, izamos las velas, y enfilamos rumbo a lago abierto. Pero tan pronto como veía una formación de nubes que se dirigía hacia nosotros y el viento empezaba a silbar, daba media vuelta, me dirigía a la orilla, arriaba las velas y solo cuando lo amarrábamos al embarcadero recuperaba el ritmo normal de la respiración. La mayor parte del tiempo era divertido tener a un amigo a bordo, pero en una tormenta sabía que este compañerito no me sería de gran ayuda.

Otras veces, sin embargo, mi papá llegaba a casa de su trabajo y entonces íbamos él y yo. Cuando navegaba con mi papá, realmente *deseaba* que se formaran nubes en el cielo y que el viento silbara. ¡Me encantaban el viento recio y las grandes olas!

Mi papá había navegado en el Océano Atlántico. Había pasado cinco días en medio de un huracán. Era un veterano, de modo que yo estaba seguro de que podría vérselas con cualquier situación que pudiera ocurrirnos en el lago Michigan. Todo era diferente cuando mi papá estaba a bordo.

Con nuestro Padre celestial podemos tener una seguridad aun mayor. Cuando comience a conocer al Dios omnisciente desarrollará esa confianza sobrenatural aun durante las peores tormentas de la vida.

¡Cosa poderosa es la omnisciencia de Dios! Hace extraordinarias a las personas comunes y corrientes. A los débiles los hace fuertes y a los inseguros, modelos de seguridad y valor. No hay muchas cosas que no pueda alcanzar o soportar si sabe que Dios va caminando a su lado. Recuerde: Alguien lo sabe y alguien se preocupa.

Me referí antes a que necesitamos una «revolución». Lo que quiero decir con eso es que ha llegado el tiempo de que declare la guerra a la ignorancia de la identidad de Dios. Es probable que su falta de conocimiento le ha mantenido por demasiado tiempo derrotado y temeroso. Es tiempo, pues, que rompa con las limitaciones que le ha impuesto y llegue a ser la persona capaz que usted es.

La omnisciencia de Dios es solo uno de sus maravillosos «omnis». Si ha recibido aliento y ha sido fortalecido por ella, prepárese, porque hay mucho más. La revolución apenas comienza.

2

¿Busca a un Dios...

QUE ESTÉ PRESENTE CUANDO LO NECESITE?

■

—¿Papito?

Una pequeña mano se posó en la frente. Abrí los ojos, y lo primero que ví fue el reloj digital de la mesita de noche.

Las dos y cuarenta y cinco.

Tendrían que ser de la madrugada, a juzgar por la confusión que había en mi cabeza.

—¿Sí, Todd?

—Necesito ir al baño.

Todd tenía cinco años de edad.

—Excelente —le dije—. Te felicito por acordarte. ¡Anda!

El cuarto de baño estaba al otro extremo de la casa y para llegar a él había que ir por un oscuro pasillo. Cuando uno tiene cinco años, aquella puede parecer una caminata de cinco kilómetros avanzando por un sendero con múltiples cuartos a cada lado donde hay monstruos y animales salvajes esperando que por allí se aventure un niño indefenso.

Con todo cuidado, Todd se deslizó fuera del cuarto, dio un par de pasos por el pasillo y se dio cuenta de que cuanto más avanzaba tanto más oscuro se ponía. ¿Y qué sería ese ruido? ¿Y esa sombra, o aquello que se movía?

Se volvió rápidamente.

—¿Papá?

—¿Sí, Todd? —le respondí.

—¿Por qué no vienes conmigo? —me dijo.

—Gracias por tu invitación, Todd, pero me siento muy cansado. Así que anda tú. No te detengas —le dije.

Se oyó el ruido que hacía Todd al caminar por el pasillo con sus pantuflas. Se detuvo. Se volvió. Sentí como caminaba de regreso a mi cuarto.

—¿Papá?

—¿Sí, Todd?

—Creo que debieras acompañarme —me pidió.

—¿Tienes miedo? —le pregunté.

—No, solo que quiero que camines conmigo, papá. Que camines conmigo.

—Está bien.

Salté de la cama y recorrimos juntos el pasillo.

No sé cuán largo y oscuro es su pasillo en este momento. Quizás esté entrando en un nuevo negocio. Si acierta, todos sus sueños se harán realidad. Si no... bueno, perderá algunos ahorros, su automóvil, su casa, todo.

Quizás esté enfrentándose una demanda. Quizás esté asustado al pensar que puede llegar al hogar un nuevo bebé, o viendo que el último de los hijos se marcha a la universidad. Quizás se le esté obligando a caminar por el pasillo oscuro del desempleo, o a someterte a un tratamiento médico o a un disgusto familiar.

Sea cual fuere su pasillo, ¿qué más necesita? A alguien que siempre esté a su lado.

■

Alguien que siempre esté presente

Retrocedamos en el tiempo a la inauguración de la temporada 1996 de la Liga Nacional de Fútbol. Los Vaqueros de Dallas hicieron historia cuando uno de sus jugadores, Deion Sanders, hizo algo que rara vez se ha hecho desde que el fútbol se juega profesionalmente. Comenzó jugando como defensa a la vez que como delantero, anotando frecuentemente sobre cien jugadas en el mismo partido.

Ver aquello era asombroso. En una jugada, durante el tercer partido de la temporada, Deion atacó a un hombre del equipo contrario que estaba por correr y lo detuvo detrás de la línea de encuentro. Cuando Dallas recuperó el balón, de repente se convirtió en un peligro recibir un pase largo del zaguero Troy Aikman.

«¡Él está en todas partes, amigos! ¡Está por todo el campo!», gritaba enardecido el comentarista.

En realidad, Deion no estaba en todas partes. Si a usted se le hubiera ocurrido dejar su asiento para ir a comprar un emparedado, no habría encontrado a Deion detrás del mostrador. Si hubiera tenido que abandonar el estadio antes que finalizara el partido, no habría encontrado a Deion dirigiendo el tránsito.

Pero en lenguaje hiperbólico el comentarista estaba expresando la idea de que Deion cubría una cantidad sorprendente de territorio, algo que los fanáticos del fútbol no habían visto por años.

¿Qué tiene que ver Deion Sanders con su largo y oscuro pasillo? Simplemente esto. Cuando hablamos de la omnipresencia de Dios, no estamos usando el lenguaje hiperbólico del comentarista deportivo. La omnipresencia de Dios es una verdad precisa. Dondequiera que esté, allí está Dios. Cualquiera que sea el pasillo en que se encuentre —no importa cuán largo, oscuro o amenazante—, Dios está con usted.

Y esa es una información sumamente importante cuando está entrando a un pasillo largo y oscuro.

Pero por alguna razón esa es una verdad que nos cuesta mucho aceptar. Quizá porque vivimos en la era de la computadora podemos imaginarnos a Dios como un ser que todo lo sabe (omnisciente). Después de todo, las novelas de ciencia ficción están llenas de computadoras que controlan el universo. No es tan difícil creer que algo —o alguien— es realmente capaz de encerrar en sí todo el conocimiento del mundo.

Pero omnipresente —el concepto según el cual Dios está en todas partes— es un poco más difícil de entender. Es algo que las computadoras jamás podrán lograr. ¿Qué, exactamente, significa?

La Biblia dice que Dios es Espíritu, lo que técnicamente quiere decir que Él no existe en el espacio en tres dimensiones como es el caso nuestro (véase Juan 4.24). Su *presencia* está en todas partes pero no su *esencia* (concepto sobre el que se basa la herejía conocida como panteísmo). Dios no está menos presente en una porción del universo que en alguna otra. Y no está más presente en alguna parte más que en la que está usted ahora. En otras palabras, cualquiera, dondequiera que sea, podría decir: «El Señor está en este lugar». Dondequiera que esté, Dios está usted.

Una noche, cerca de las doce, me encontraba en un avión privado volando sobre los campos de maíz de Iowa. En varios puntos del horizonte una tormenta eléctrica hacía brillar los relámpagos. Después de cada explosión luminosa, la oscuridad de la noche parecía más intensa. Estábamos allí yo, la tormenta y un fuselaje hecho de metal, más el mucho más grande Dios omnipresente. Recuerdo que no sentí miedo, sino una tranquila confianza que me aseguraba que «el Señor está en este lugar».

Un miembro de mi iglesia navegó más de cuatro mil kilómetros entre Hawai y San Francisco. Una noche, una ola de cuarenta pies elevó su bote a una gran altura. En ese momento, dice, se sintió confortado en la seguridad de que «el Señor está en este lugar».

Cuando tres astronautas de la *Apolo 13* quedaron atrapados en una nave dañada dando tumbos alrededor de la luna tratando de regresar a la tierra, sea que se hayan dado cuenta o no, pudieron confiar en el hecho de que «el Señor está en este lugar».

Por supuesto que no todos creen esto. En realidad, hace algunos años, astronautas soviéticos viajaron al espacio y al regreso declararon: «Fuimos al espacio sideral y no vimos a Dios. Él no estaba allí».

Pudieron haber sido expertos pilotos, pero eran unos científicos aficionados. ¿Les habrá preguntado alguien «Vieron el viento solar»? ¿Y qué nos dicen de la gravedad? No la vieron, ¿verdad? Seguro que tampoco existe».

Detrás de la luna, detrás de la pared de su oficina y detrás de la puerta de su dormitorio se encuentra Dios. La Biblia enseña que Dios está presente en todas partes. Y en caso de que crea que eso es algo sin sentido teológico, considere los efectos.

■

Más que un perdonador, un amigo

La forma en que fui criado me hace realzar la trascendencia de Dios. Pienso en Él en términos elevados, sobre todo en cuanto a la distancia y espiritualidad de Dios, tanto que a veces parecía que Él estaba lejos de donde estaba yo. Entendí lo que era temer a Dios y supe cuán importante era servirle. Estaba convencido de que algún día tendría que presentarme a juicio, por lo que necesitaba aprender a obedecerle. Pero con todo eso, perdí penosamente una cosa.

Me di cuenta de eso un día en que me encontraba en el aula de la universidad escuchando a uno de mis profesores, el doctor Gilbert Bilizikian, hablando de su relación con Jesucristo. El doctor B, como se le llamaba afectuosamente, hablaba como si ese mediodía hubiera almorzado con Jesucristo. Cada vez que se refería a Él, me hacía pensar en la forma en que la gente habla de sus amigos íntimos.

Había estado el tiempo suficiente con ese profesor como para saber que tenía una opinión de Dios alta y exaltada, pero lo que me intrigaba era esa sencilla habilidad de relacionarse con Dios en una forma casi de hermano a hermano. Yo deseaba eso más que cualquier otra cosa, de manera que un día me quedé después de clases y le pregunté sin ambages: «¿Cómo es que usted puede conocer a Cristo en una forma tan íntima, y yo no?»

Guardó silencio, me miró y luego dijo algo que me sorprendió: «Quizá conozcas a Cristo únicamente como el perdonador de tus pecados».

Al pensar en el asunto, me di cuenta de que tenía razón. Yo le había pedido a Jesucristo que perdonara mis pecados, había prometido hacer de Él el líder de mi vida, pero nadie me había hablado sobre el papel que Jesús más desea desempeñar: ser mi amigo (véase Juan 15.15).

Y en eso descansa la más maravillosa noticia sobre el cristianismo: No es solo que Dios existe (otras religiones enseñan eso). Es que Dios apasionadamente desea mantener *una relación amorosa con las personas que creó.*

A primera vista quizás eso no signifique mucho para ti, pero fue lo que cambió mi vida. Mi vida espiritual la puedo dividir en dos etapas bien definidas: La primera etapa, cuando pensaba que Dios era alguien con quien no me unía ninguna relación; y la segunda, cuando empecé a conocerlo y a relacionarme con Él más personalmente.

Cristianismo al más alto nivel ejecutivo

Para mí, creer en la *existencia* de Dios no fue difícil. Al crecer, nadie que yo conociera o respetara ponía en duda que Dios existía, o al menos nadie me lo decía. Pero mi concepto de Dios era unidimensional. Lo veía como el «alto ejecutivo del universo». El cristianismo, pensaba yo, sirve para enseñarnos la lista de responsabilidades y prohibiciones que el ejecutivo ha fijado. Para mí era muy claro que había consecuencias y recompensas asociadas con llevar a cabo el programa del ejecutivo para el mundo. Lo que se me exigía eran las mismas dos cosas que se exigen a la mayoría de los empleados. Así que yo iba con mi familia a la iglesia y hacía lo posible por seguir y obedecer el programa del ejecutivo.

En muchas formas vas a encontrar que el «cristianismo del alto ejecutivo» es muy similar a las más grandes religiones del mundo, tales como el islam, el budismo y el hinduismo. Ellas tienen también una dinámica personal con su deidad, completamente desprovista de sentimientos de ternura. Hay creencias que dominar y códigos que seguir y rituales que ejecutar y, al final del día se agrega a la hoja de inscripción de las obras buenas toda buena obra y se resta cada falta y espere sentirse bien.

Esas religiones tienden a poner énfasis en dos cosas: creencia y obras. Lo que no tienen es lo que hace que el cristianismo sea único: la seguridad de que Dios tiene un auténtico y apasionado afecto por cada uno de nosotros y nos invita a abrir nuestro corazón a ese amor y luego amarlo a Él con sinceridad profunda.

Antes que el doctor B desafiara mi limitada comprensión de Dios, yo hacía todas las partes mecánicas del cristianismo, pero sin aquella clase de brillantez que distingue a quien ha llegado a conocer a Jesucristo como amigo. Había mucho pensamiento que alimentaba mi fe, pero poco corazón.

Con el paso de los meses y los años, empecé a reflexionar en el hecho de que nuestro amante Dios está siempre presente en cada conversación, en cada relación, en cada momento aparentemente solitario.

Cristianismo cristocéntrico

Enfrentémoslo. Todos somos seres que necesitamos relaciones. Dios nos creó para que cultiváramos el compañerismo. Niños hasta de tres años de edad empiezan a preguntarles a sus padres: «¿Puede Johnny pasar la noche con nosotros?» Los adolescentes están obsesionados por encontrar a «esa» persona. Los adultos jóvenes disfrutan saliendo a comer afuera. Y pocas cosas ponen una sonrisa más amplia en el rostro de los ancianos que ver a un nieto o a un amigo de toda la vida.

Sin embargo, la gente que piensa con sinceridad sabe que ni siquiera el mejor de los amigos puede satisfacer nuestras ansias de una amistad perfecta. Si presta atención a sus sentimientos, verá que tiene un anhelo de encontrar un compañero en el más completo sentido de la palabra. Pero quizás esta ha sido una experiencia agridulce, porque le ha llegado a convencer de que, incluso los mejores amigos, no pueden estar junto a usted todo el tiempo. Amigos de toda la vida también se mudan o se mueren. El más comprensivo de los amigos no siempre puede entender lo que le está ocurriendo. Y aun el más confiable de los amigos no siempre resulta ser confiable.

Está bien, dice, pero ¿qué clase de Dios es ese que nos hace desear tal clase de amistad pero nos priva de ella? A los que así piensan, Dios les sonríe y les dice: «Sé que anhelas eso, y he provisto la forma para satisfacer tu necesidad. Y esa forma soy yo mismo. Yo soy el compañero supremo».

Esa realidad —que Dios está siempre presente como mi amigo— ha marcado mi vida desde mi clase con el doctor B y en el resto de este capítulo voy a analizar la diferencia que el Dios omnipresente puede hacer en su vida también. Lo primero que descubrí al contemplar la presencia de Dios fue una forma radicalmente nueva para ver mis opciones morales.

■

Mirar hacia arriba

La Biblia nos cuenta que Moisés vio a un egipcio que maltrataba brutalmente a un israelita. Y eso fue suficiente. Miró a la izquierda, miró a la derecha y, al no ver a nadie, procedió a matar al egipcio, y luego lo sepultó en la arena.

¿Qué hizo a Moisés pensar que podría matar sin que le pasara nada? Erróneamente creyó que no había nadie que lo viera. Miró a todos lados, menos arriba.

Es lo que nos pasa cuando vivimos sin la conciencia de la presencia de Dios. La hipocresía nace en la separación: Dejamos a Dios en la iglesia y creemos que por el resto de la semana no estará con nosotros.

Una situación similar se dio con el rey David, tal como lo leemos en 2 Samuel. Mientras el esposo de Betsabé se encontraba en la guerra, David observó a la bella mujer mientras se bañaba. En cuestión de minutos su brújula moral se descontroló, y tomó a Betsabé y la llevó a la cama. Luego, cuando resultó embarazada y David tuvo miedo de que se le sorprendiera, ordenó que mataran al marido mientras estaba en el frente de batalla.

¿Qué estaba pensando David? No hay nadie que pueda enterarse de lo que ocurra detrás de una puerta cerrada. ¡Error! Dios envió a un profeta para que lo confrontara y quizá fuera después de esa confrontación que David escribió: «¿A dónde me iré de tu Espíritu? ¿Y a dónde huiré de tu presencia?» (Salmo13.7).

¿Un cuarto de hotel lejos de casa? ¿Un bar a media luz durante un viaje de negocios?

Eso no fue lo que David encontró.

Si subiere a los cielos, allí estás tú;
Y si en el Seol hiciere mi estrado, he aquí, allí tú estás.
(Salmo 139.8)

David se dio cuenta de que no podía escapar de la presencia de Dios. ¿Cree usted lo mismo?

Estamos conduciendo nuestro automóvil. Las señales del tránsito indican una velocidad permitida de cien kilómetros por hora. Sabemos que en Romanos 13 y en otros pasajes Dios nos ha ordenado que obedezcamos las leyes civiles. Pero en diez minutos comienza una importante reunión de negocios y nos encontramos a veinte minutos del lugar.

¿Qué hacer?

A menudo miramos a la izquierda, a la derecha, le echamos una ojeada al detector del radar y luego pensamos que el límite de velocidad es para otros, no para nosotros. Nos decimos: «No hay problema. Nadie nos ve».

Pero Dios sí nos ve. «Aun la noche resplandecerá alrededor de mí» (Salmo 139.11).

Si vivimos sin una conciencia clara de la omnipresencia de Dios estaremos creando una ilusión tras otra. Empezaremos a pensar: *Nadie podrá ver la forma en que oculto la verdad a un cliente en la oficina; solo me escuchan cantar con los demás en el culto del domingo por la mañana.* O: *Nadie puede verme hurtando, o «apropiándome» de lápices y libretas para anotaciones de la compañía; solo me ven solicitando donativos para el fondo de alimentación de los desamparados. Nadie me ve dándome una hartada a las once de la noche; solo ven las modestas porciones cuando comemos afuera. Nadie me oye cuando le levanto la voz a mi cónyuge, a mis hijos; lo único que oyen son mis lindas oraciones en la iglesia. Nadie ve el negocio ilícito que estoy haciendo; solo ven el cheque doblado en dos que pongo en el plato de la ofrenda.*

Alguien puede pensar: *¡Odio esto! Dios es como el Gran Hermano que siempre me vigila, listo para abalanzarse sobre mí ante cualquier error que cometa.*

No es así. Dios no está sobre nosotros para acusarnos. Él lo hace para mejorar nuestra vida. Dice: «Quiero que seas responsable. Quiero que sepas que nunca podrás engañarme; así que deja esos jueguitos tontos y vamos».

El primer efecto de la omnipresencia de Dios es que nunca debemos tratar de engañarnos creyendo que nadie nos ve. Ese es el efecto que captó la atención de David. La siguiente hizo que su corazón saltara de alegría.

La mano de amor

Una vez que David aceptó el hecho de que nunca estaría completamente solo, se inundó de gozo. El salmo 139.7-12 casi pudiera resumirse así: «Dios es tan grande y yo soy tan importante para Él que, si por alguna razón decidiera huir de Él —algo tonto, pero si intentara hacerlo—, no lo lograría. Dios no me lo permitiría. Nunca estaré fuera del alcance de su vista».

En el versículo 8, parafraseado, David dice: «Digamos que yo fuera infinitamente alto. O que fuera infinitamente profundo. Dios estaría allí.

»O digamos que navego en dirección este rumbo al infinito».

Dios estaría allí.

Pero los versículos 9 y 10 nos llevan a un territorio aun más confortable. David reconoce que la presencia de Dios no está con nosotros en una forma fría y calculada. Su presencia es cordial, atrayente y alentadora.

> Si tomare las alas del alba
> y habitare en el extremo del mar,
> aun allí me guiará tu mano,
> y me asirá tu diestra.

Dondequiera que vaya, dice David, puedo sentir su mano. Esta clase de toque paternal y consolador está a disposición de cada creyente constantemente.

Hace algunos años visitamos Disneylandia. Nuestro hijo Todd tenía entonces seis años, la edad en la cual los niños quieren parecer más valientes de lo que en verdad son. A la entrada de la casa embrujada, dije, tan desinteresadamente como pude:

—Todd, ¿quieres tomarte de mi mano mientras recorremos la casa?

—¡No! —me contestó.

—¿Estás seguro?

—¡Claro que estoy seguro! —me dijo.

—¡Bueno, está bien! —le contesté.

Solo por cuestión de seguridad mantuve mi mano cerca de la suya. Tres pasos dentro de la casa y de pronto las manos de Todd se aferraron a la mía en un agarre desesperado.

No quité la mano. Dios tampoco quita la suya. Su mano está siempre ahí. Nunca la retirará. Usted puede agarrarse a ella cada vez que esté asustado.

En el Salmo 34, David se refiere también a este asunto pero con un giro adicional: «Cercano está Jehová a los quebrantados de corazón; y salva a los contritos de espíritu» (Salmo 34.18).

Una joven familia en nuestra iglesia encontró la validez de esta verdad en medio de una de las más horribles experiencias imaginables. Su hijita de diez meses de edad —su primogénita— echó sobre ella accidentalmente el contenido de un vaporizador para limpiar muebles. En un momento, sus pequeños pulmones se llenaron de gas tóxico.

Los padres entraron de inmediato en acción. El papá buscó las llaves del automóvil, la madre tomó a la pequeña en sus brazos y después de unos segundos para cambiarse de ropa, salieron velozmente hacia el hospital. En el camino, mientras la madre sostenía a la hija en sus brazos, le pareció que la pequeña había perdido toda capacidad de movimiento. ¿Puede imaginarse un sentimiento más aterrador?

Una vez en el hospital, enfermeras y médicos empezaron a trabajar con una eficacia impresionante. La pequeña, ya casi sin vida, fue tomada de los brazos de su madre y llevada corriendo a una unidad de cuidados intensivos. Y en ese momento, después de tanta y tan agitada actividad, a los padres no les quedó otra cosa que esperar.

Más tarde, aquella joven pareja me contó: «Sentados en aquella sala de espera, con nuestra única hija en cuidados intensivos, supimos que el Señor estaba con nosotros. Pudimos sentir su presencia allí».

Gracias a Dios, la pequeña se recuperó milagrosamente. Sus padres son un testimonio de que nunca tendrá que experimentar una desgracia sin sentir también la presencia de Dios. Si viene a Cristo, tendrá la opción de un amigo siempre presente. No tiene que hacer una llamada de larga distancia. Él estará con usted en cada paso del camino.

«¿Pero cómo?» quizá pregunte. «¿Cómo puedo sentir su presencia cuando a veces siento solo su silencio y lejanía?» Esa es una buena pregunta que creo que todos nos hemos hecho, sobre todo cuando hemos experimentado miedo. Un sicólogo dijo que los únicos dos grupos de personas que están libres de sentir miedo son los muertos y los orates, por eso vamos a dedicar algunos instantes a tratar de descubrir cómo Dios hace sentir su presencia en nosotros cuando estamos rodeados de temores.

■

Libertad del miedo

Todos enfrentamos temores, ¿verdad? Están los temores «molestos». ¿Resultará bien la cena de Acción de Gracias? ¿Firmará ese cliente por un año más? ¿Podremos hacerle frente al pago mensual de la casa y a un auto nuevo?

Luego están los temores «que presionan», temores que no son tan fáciles de manejar y engavetar. Estos son los temores cuando parece que nuestra nave empieza a hacer agua. En la compañía empiezan a circular rumores sobre posibles despidos colectivos. Un hijo comienza a mostrar mala conducta en la escuela. El médico quiere hacer nuevos exámenes pues ve algo que le preocupa y quiere salir de dudas. Uno de los esposos empieza a dar excusas raras por crecientes ausencias del hogar y su cónyuge comienza a hacerse preguntas.

Los temores causan pánico. Y si seguimos preocupándonos, ellos van a consumir nuestra energía y podrán conducirnos a comportamientos autodestructivos. Más que cualquier otra cosa, estos temores son simplemente agobiantes; lo único que deseamos es que nos abandonen, pero en lugar de desaparecer, con frecuencia se hacen peores y se transforman en temores «paralizantes».

Los temores paralizantes son los que hacen de nuestros intestinos un puño, los que producen pánico. Es la clase de temores que nos hacen pensar que nos vamos a morir. Tuve un temor de esos cuando estábamos construyendo el balcón de nuestro templo. Un miembro del personal me sugirió que subiéramos a inspeccionar la construcción. Ya arriba, decidí imitar a los Walenda pero sin red, caminando por una cornisa de unas diez pulgadas de ancho por unos cien pies de largo y a una altura de treinta pies.

Todo estuvo bien en el recorrido de ida, pero cuando comencé a regresar, vi al empleado que me había invitado a subir, caminando a gatas por la cornisa y presa del miedo. Posiblemente había mirado para abajo percatándose de la altura en que nos encontrábamos. Me propuse demostrarle que aunque él se descontrolaba, yo no lo haría, así que seguí avanzando, pero cuando había hecho dos terceras partes de la caminata, empecé a perder el equilibrio.

Tengo una cabeza bastante dura, pero en esos terribles momentos de miedo absoluto me di cuenta de que una caída desde los treinta pies sobre el concreto podría ser un poco más de lo que un cráneo duro como el mío podría soportar.

Era la primera vez que sentía esa clase de miedo y supe que era una sensación muy desagradable. Uno se hiela, se le seca la garganta, el pulso se acelera, las manos se humedecen y la mente se contrae mientras las náuseas empiezan a dominarlo a uno. Gracias a Dios recuperé el control y terminé la caminata. (*¡Besé el suelo* cuando bajé!) Después de una ducha y un cambio de ropa volví a sentirme normal y pude terminar mi trabajo de aquel día. Pero no pienso volver a repetir esa muestra de insensatez.

Algunas personas experimentan con frecuencia ese temor que produce pánico. Lo único que tuve que hacer para escapar de mi miedo fue bajarme de la cornisa, pero quizá usted se encuentre en un precipicio que pareciera no tener fin.

Mi corazón está contigo porque una cosa es caminar por una cornisa a treinta pies de altura y otra completamente distinta es viajar solo por un camino solitario a través del valle de sombra de muerte. ¿Qué se puede hacer en tales casos?

La presencia de Dios está con usted, pero tiene que decidirse a creer —quiero decir, a creer de verdad— que eso es precisamente así. Esa decisión consciente es solo suya. Cuando aparezca el pánico, debe preguntarse: *¿Confiaré en su presencia consoladora? ¿Reconoceré su realidad omnipresente? ¿Le permitiré que fortalezca mi alma? ¿O voy a creer la mentira que muchos creen, y gritar: ¡No estás cerca de mí! ¡No tienes ningún interés en mí! ¿No es así, Dios?*»

Una de las más importantes misiones de Dios es liberarnos de ataduras debilitantes de miedos y ansiedades. El corazón de Dios se rompe cuando nos ve desmoralizados y aplastados por el miedo.

La próxima vez que aparezca el miedo, recuerde: «¡El Señor está aquí!» Ese es el primer paso. Repítalo una y otra vez hasta que su verdad empiece a animarle.

«El Señor está aquí».

«El Señor está aquí».

Luego, como dice David en el Salmo 62.8: «Derramad delante de Él vuestro corazón». Una vez que hemos reconocido la presencia de Dios, no hay que tratar de sentir algo diferente de lo que sentimos en ese momento, así que digámosle exactamente lo que está pasando en nuestro interior. Lloremos. Quejémonos. Incluso chillemos.

Luego, hablemos con Dios. La oración es capaz de disipar el temor. Sé que esto pareciera desafiar el entendimiento humano pero también sé que es verdad. Y que funciona. Inténtelo y verá. La Biblia promete un espíritu de paz que sobrepasa el entendimiento humano cuando clamamos a Dios. Esa paz, que nadie puede explicar fácilmente, busca una ventana a nuestro espíritu y empieza a dar lugar a una ansiada calma.

Por último, al orar por determinado miedo, debe aprender a entregar a Dios el problema que produce el miedo. No malgaste su tiempo contándole a Dios, en detalle, el problema. Él ya lo sabe todo. En lugar de eso, concentre su energía en *ponerlo en las manos de Dios.*

Una cosa que me ayuda a mí es escribir mis oraciones. Una puede decir así: «Aquí, en tu presencia, me niego a seguir vagando por los terrenos del miedo. No pensaré en situaciones de derrota, no voy a dar lugar a ninguna pesadilla, no voy a vivir así el día de hoy. En estos momentos estoy tomando la decisión de vivir por la fe. Como lo dice tu Palabra: «Echaré mis cargas sobre ti».

Si empieza a dudar, vuelva a abrir la Biblia en el Salmo 139. Pídale a Dios que haga suya la experiencia de David. Recuerde que Dios está presente y que su mano está extendida. Tómela.

■

¡Deténgase!

Supongo que algunos de ustedes estarán leyendo estas palabras a la carrera, apenas soportando las ganas de volver al negocio, irse a jugar golf o alquilar una película. Piensa que el espacio en blanco al final de este capítulo es una invitación a «olvidarse de Dios por un rato» y regresar al mundo real. Está lleno de actividades del mundo que le rodea, pero en ese recargado programa olvida el elemento más importante de todos: la continua presencia de Dios que está a su alcance.

Solo por un minuto, olvídese de todo. Deténgase y alégrese en el hecho de que no tiene por qué caminar solo. Él está presente, y lo único que tiene que hacer es poner su mano en la suya.

3

¿Busca a un Dios...

QUE TENGA EL CONTROL DE TODO?

■

Cuatro horas antes de medianoche, el tren entró pesadamente a la estación. Se detuvo con una sacudida. El vapor brotaba de las válvulas y el calor del motor y de los frenos se mezcló con el aire frío de Chicago.

Las puertas corredizas se abrieron todas juntas, permitiendo que una multitud se precipitara hacia afuera. Muchas de esas personas habían subido al tren doce o trece horas antes recién afeitados, elegantemente peinados, llenos de vida. Ahora se movían con paso inseguro como si estuvieran trasnochados, medio aturdidos.

Suenan las bocinas y los esposos y esposas se aprestan a recoger a quienes una vez vieron como el hombre o la mujer de sus sueños. Veo que un hombre se detiene y mira atentamente el automóvil que ha reconocido como el de su esposa. Me parece entender lo que está pensando: *No me toques la bocina. Solo déjame caminar tranquilamente hacia allá.*

Empieza a moverse pesadamente, como si estuviera empujando su cuerpo hacia el automóvil. Por último, abre la puerta y se deja caer en el asiento del pasajero.

Puedo imaginarme el resto de esa noche. Apenas entra en la casa, se quita el sobretodo y lo deja encima de una silla, cae en el sofá de la sala y busca el control remoto. Si es cristiano, quizá diga algo así como: «Dios, sé que eres un Dios omnipotente y que estás dispuesto a hacer fluir en mi vida tu energía transformadora y cósmica. Pero en este momento lo único que quiero es un calmante para los nervios y ver la última película».

Conozco a muchísimas personas que se sienten maltratadas por la vida. Algunos con quienes he hablado se sienten víctimas de sus circunstancias. Sus obligaciones para con sus familias los han atrapado en un trabajo que apenas pueden soportar y eso, cuando es un buen día. Otros se sienten como si fueran prisioneros de sus defectos de carácter, sus malos hábitos y sus vicios.

En resumen, muchos de nosotros vamos por la vida sintiéndonos impotentes. De cuando en cuando, posiblemente cada primero de enero, nos proponemos cambiar. Leemos un libro sobre cómo controlar el peso y nos entusiasma. Observamos las fotografías y soñamos con tener un cuerpo que no se afloje en todos los lugares más visibles. Así que vamos y compramos un traje para hacer ejercicios. Mientras estamos en la tienda, compramos una sartén china, porque de aquí en adelante vamos a comer solamente legumbres. Luego nos detenemos en la tienda de alimentos naturales y compramos una revista sobre ejercicios. De regreso a casa nos inscribimos en el gimnasio.

Sí, señor. En dos meses nadie nos va a reconocer. Vamos a tener que comprarnos un guardarropa nuevo.

Cuando se acerca el Día de los Enamorados, de pronto tropezamos con nuestro equipo de caminatas sin movernos de casa, metido en el fondo del guardarropa. La sartén, recordamos, está en el garaje. (Necesitábamos *algo* para poner debajo del cárter del automóvil y evitar que el aceite que goteaba cayera en el piso.) La revista sobre fisiculturismo está sepultada debajo de la edición mensual del *Chicago Tribune*. Cuando abrimos nuestro pequeño ropero en el club de gimnasia, el recepcionista nos pregunta: «¿Está usted seguro de que es miembro de este club? Porque no recuerdo haberlo visto antes por aquí».

Nos sentimos tan mal que en el camino de regreso a casa decidimos detenernos en un restaurante de comida rápida y para ahogar nuestros sentimientos de derrota nos compramos un batido de chocolate.

O quizás un domingo decidimos que vamos a empezar a controlar nuestro mal carácter. Quizás el sermón del pastor realmente habló a nuestro corazón, y decidimos que el hombre o la mujer malhumorados que nuestros hijos han tenido que soportar pronto dejarán de serlo para siempre.

Vamos a la librería y compramos un ejemplar de *One Minute Manager* [Administrador en un minuto] y seguimos las pautas para ayudarnos a controlar nuestro temperamento en el trabajo. Nos ponemos una banda de hule alrededor de la muñeca para recordarnos que tenemos que pensar en lo positivo. Colgamos frases inspiradoras por todo nuestro cubículo. En casa, usamos pequeñas piezas magnéticas para colocar esas mismas frases en el refrigerador. Durante tres días lo hacemos maravillosamente bien, pero el jueves, justo antes de abandonar la oficina, el jefe nos regaña. Nos vamos a casa contrariadísimos y nos encontramos con que los niños han entrado a la sala con los zapatos sucios y que alguien olvidó lavar la ropa y en cuestión de segundos vemos con desesperación que esos viejos gruñidos tan conocidos escapan de nuevo a través de nuestra garganta. Nuestra ira no había muerto, solo había tomado unas cortas vacaciones.

Sea que queramos ser deportistas o que intentemos mejorías periódicas y chapuceras, el libreto siempre es el mismo. Tarde en la noche, nos deslizamos hasta la cocina, nos dejamos caer en una silla, nos tomamos la cabeza con ambas manos y fijamos una mirada perdida sobre la mesa. «Admítelo», nos decimos, «eres un pobre hombre».

Luego levantamos la cabeza y gemimos. «Lo odio», decimos, «odio ser un incapaz».

Cada vez que hablo en público sobre el poder ilimitado de Dios; es decir, la omnipotencia de Dios, estoy consciente de las dolorosas experiencias de los que están escuchando. Cuando hablo del deseo de Dios de dar fuerzas a cada vida humana —de dotar a cada creyente con una porción de poder divino— a menudo mis palabras se pierden en medio de la desesperación y el aturdimiento de las constantes derrotas.

Esos sentimientos de incapacidad y desesperanza consumen toda la energía que hay en nosotros. En lugar de regocijarnos cuando nos despertamos y decir: «Oh Dios, ¡qué bueno es despertar a un nuevo día!» damos un respingo, empezamos a quejarnos y a lamentarnos: «Oh, no, ¿cuántas veces voy a meter la pata hoy?» Muchos preferiríamos quedarnos en cama.

A lo largo del día, en lugar de andar en la confianza que Dios quiere darnos, vacilamos, nos acobardamos y tememos lo peor.

¿Le pasa eso a usted? Si su respuesta es positiva, venga conmigo. Está a punto de aprender una de las verdades más poderosas, alentadoras e inspiradoras acerca de Dios: ¡Su poder es ilimitado y Él quiere compartirlo con usted plenamente!

■

¿Qué clase de poder?

Un día, un gran líder y profeta del Antiguo Testamento fue presa del desaliento, y con razón. No solo había tenido un día horrible, una semana fatal y un mes malísimo, sino que en conjunto, parecía estar viviendo una vida desdichada. Su cuerpo hedía. Su cabello estaba infestado de piojos. Sus músculos estaban tensos y acalambrados por su confinamiento en una celda húmeda, oscura y opresiva. Su nombre había llegado a ser el blanco de todos los chistes que circulaban entre sus compatriotas y Dios parecía no interesarse siquiera en su situación.

Cuando Jeremías empezó a dar lugar a la autocompasión, Dios le dijo: «He aquí que yo soy Jehová, Dios de toda carne; ¿habrá algo que sea difícil para mí?» (Jeremías 32.27).

Permítame hacer una cruda paráfrasis de lo que creo que Dios le estaba queriendo decir a Jeremías: «¡Oye, Jeremías! Sé que crees en mí, pero seamos sinceros. Tú crees que porque estás preso y porque has llegado a ser el blanco de todos los chistes yo he perdido mi poder, ¿verdad? Sé que estás en problemas, pero porque hasta ahora no he hecho nada, has supuesto que ya no tengo poder. Pero quiero que sepas una cosa: Nada, *absolutamente nada*, es difícil para mí. ¿Entendiste?»

Lo único que Jeremías necesitaba hacer era sentarse y meditar en lo que Dios ya había hecho. Piensa en eso. ¿Qué clase de poder se necesita para crear el universo? ¿Qué clase de fuerza debe poseer alguien para derramar las estrellas por el espacio infinito? ¿Cuán explosivo tiene que ser para incendiar el sol y mantener su fuego? ¿Qué clase de fuerza bruta se necesita para amontonar montañas a veinte mil pies de altura?

Solo una fuerza es capaz de hacer tales hazañas: el poder de Dios.

A través de la historia, cuando el pueblo de Dios se encontraba frente a lo que parecía insuperable, se acordaba del poder ilimitado de Dios. Aun Job se sintió consolado cuando recordó que «Él agita el mar con su poder ... pero el trueno de su poder, ¿quién lo puede comprender?» (Job 26.12-14)

Como Jeremías y Job, nosotros de cuando en cuando necesitamos acordarnos de lo que Dios puede hacer, sobre todo si las cosas no nos están saliendo bien. En el Salmo 115.3 el salmista dice que Dios puede hacer lo que quiera. Esa es la esencia de cuán omnipotente es. *Omnipotente* sencillamente quiere decir «todopoderoso». Dios nunca tiene que pedir permiso. Su poder infinito, ilimitado, indescriptible, no tiene parámetros.

En realidad, en una ocasión Él planteó una confrontación entre Moisés y Faraón para demostrar su poder: «Y a la verdad yo te he puesto para mostrar en ti mi poder» (Éxodo 9.16). ¿Qué hizo Dios cuando quiso asegurarse de que Israel lo seguiría? Reveló su poder separando las aguas del Mar Rojo. Él quería que los israelitas vieran exactamente a quién estaban siguiendo y a quién tendrían que someterse: «Y vio Israel aquel grande hecho que Jehová ejecutó contra los egipcios; y el pueblo temió a Jehová y creyeron a Jehová y a Moisés su siervo» (Éxodo 14.31).

Hace poco algunos de mis amigos aficionados a navegar creyeron haber sido testigos de un poder así cuando mi velero entró en la regata de Milwaukee. Habíamos estado navegando todo el día y llegábamos a la carrera final. Teníamos que ganar la prueba final para ganar toda la regata. Al entrar en la etapa final, íbamos en tercer lugar y justo ahí el viento dejó de soplar. Todos los botes se detuvieron. Esperamos y esperamos hasta que una leve brisa sopló sobre el lago. Los tripulantes de los otros veleros quedaron boquiabiertos cuando vieron que el viento llegó a nosotros primero. Las velas se hincharon y nuestro bote sobrepasó velozmente a los otros dos, permitiéndonos ganar la regata.

Cuando regresé al muelle, casi todos los dueños de los otros botes empezaron a hacerme bromas. Como saben que soy pastor comenzaron a decir: «¡No es justo! ¡Tienes socios allá arriba!»

Les seguí las bromas. «Bueno, pero ¿cuántos de ustedes oraron? En mi bote todos estábamos orando».

Aun en broma, casi todo el mundo reconoce que Dios tiene poder sobre los elementos: el viento, la lluvia, las ondas del mar. Eclesiastés nos lo recuerda cuando dice: «No hay hombre que tenga poder sobre el viento para contenerlo».[1]

El poder de Dios es algo que Él puede dar según sus propósitos. Cuando Israel se extraviaba, Él daba poder a sus enemigos para castigarlos: «Volvieron los hijos de Israel a hacer lo malo ante los ojos de Jehová; y Jehová fortaleció a Eglón rey de Moab contra Israel, por cuanto habían hecho lo malo ante los ojos de Jehová» (Jueces 3.12). Dios también dio ese poder a individuos: «Y el

1. Ec 8.8. Traducción libre de la cita en inglés tomada de la versión *New International Version*. (Nota del traductor: La palabra que en el griego se emplea para espíritu, *pneuma*, es la misma para viento, aliento, aire en movimiento. El autor emplea aquí la versión que en inglés traduce *pneuma* precisamente como viento, aunque la versión Reina Valera, que se ha usado a lo largo de toda la traducción, traduce espíritu.)

Espíritu de Jehová vino sobre Sansón, quien despedazó al león como quien despedaza un cabrito» (Jueces 14.6).

Con la venida del Espíritu Santo después de la muerte de Jesús, el poder de Dios fue dado en formas nuevas y más maravillosas. Como dice Hechos, los apóstoles fueron distinguidos por este poder renovado: «Y con gran poder los apóstoles daban testimonio de la resurrección del Señor Jesús» (Hechos 4.33).

¿Cuál era la fuente de este poder? Pablo explica que los apóstoles buscaban el «poder de su resurrección» (Filipenses 3.10). Piense en esto por un minuto. Piense en lo que la resurrección consiguió para usted y para mí. Piense en todas las veces que se sintió incapaz de luchar contra determinado pecado. Sí, aquel, ese que no quiere que nadie conozca. Aun cuando le avergüenza, y por mucho que se esfuerce, sigue cayendo y fallando.

Agregue a ese sentimiento de impotencia la sensación de derrota que siente después de cada reincidencia. Las veces que se le ha deslizado una palabra cruel, que ha perdido los estribos, que ha contribuido con una palabra a un chisme malicioso. Añádalo. Bastante desagradable, ¿no lo cree? Pero aun no hemos terminado.

Multiplique el poder que necesita para vencer el pecado en su propia vida por el número de todas las personas que han vivido en este mundo. Desde Adán y Eva pasando por Homero, Platón y Sócrates y Gengis Khan, el rey Arturo hasta John F. Kennedy y todos los bebés que estarán naciendo mientras lees estas líneas. Tome *todos* los pecados de todos ellos y póngalos juntos, pero no solamente los pecados que cometieron a la luz del día, sino también los pecados secretos que los han mantenido esclavizados y que los hicieron sentirse frustrados y derrotados. No se olvide de los pecados cometidos por Adolfo Hitler e Idi Amín. Y no deje afuera los de los asesinos en serie, los de los drogadictos y los de los negociantes tramposos; que todos entren en la ecuación.

Pareciera que el poder para derrotar su pecado tendría que ser demasiado grande. Pero pensar que puede haber suficiente poder espiritual para destruir completamente el agarre de cada pecado que haya sido cometido por cada persona que ha vivido está más allá de toda comprensión. Miles de millones de personas no pudieron derrotar la tentación de todos esos pecados. Y todos los que nacen añaden los suyos; de modo que la pila aumenta en lugar de disminuir.

Todos, salvo uno. Ese es el poder de la resurrección de Jesucristo. Un poder que en un acto explosivo puede derrotar cualquier desliz espiritual, cualquier pecado, cualquier debilidad. Cuando Cristo resucitó de entre los muertos, mostró suficiente poder para derribar las murallas de la prisión del infierno y traer de vuelta las almas de los que habían confiado en Él. Aquello que somos incapaces de hacer en nuestra propia vida, Cristo fue lo suficientemente poderoso como para lograrlo por todos los que habrían de creer.

Así, el poder de Dios se extiende sobre el mundo físico *y* sobre el mundo espiritual. Es un poder que está más allá de cualquier cosa que pudiera imaginarse. Lo más impresionante, sin embargo, es que Dios está dispuesto y ansioso de compartir ese poder con nosotros.

Da fuerzas al débil

Alabo a Dios por su omnipotencia, pero Él merece una ovación de pie por no esconder su poder. El hecho «demasiado bueno para ser verdad» es que Dios ha tomado la decisión consciente y soberana de permitir que un hombre como yo, débil, fatigado y desgastado, comparta su poder.

El profeta Isaías dice:

Él da esfuerzo al cansado,
y multiplica las fuerzas del que no tiene ningunas.
Los muchachos se fatigan y se cansan,
los jóvenes flaquean y caen;
pero los que esperan a Jehová
tendrán nuevas fuerzas;
levantarán alas como las águilas;
correrán, y no se cansarán;
caminarán, y no se fatigarán.

Isaías 40.29-31

Durante años me sentí como muchos de ustedes quizá se sientan ahora mismo. Me incomodaba oír a la gente defender y ensalzar la omnipotencia de Dios y seguir diciendo lo que tendría un efecto radical en la vida de tales personas.

«¿Oh, sí?» me daban deseos de preguntarles. «Entonces, ¿dónde está la conexión? Nunca he dudado de la omnipotencia de Dios. Pero dígame, ¿por qué hay tantos cristianos tan enclenques, tan débiles y tan derrotados? Si Dios tiene el poder y quiere canalizar ese poder hacia la vida de las personas, y si todos queremos ese poder, ¿dónde está el eslabón perdido?» Sin querer ser pretencioso, creo que lo he encontrado.

Después de analizar esta pregunta por una buena parte de los últimos veinte años, estoy listo para decir públicamente algo que he venido practicando en forma privada por un largo tiempo. En una palabra, el eslabón perdido se llama *fe*. Sé que ha oído antes esta palabra, pero siga atento mientras explico cómo emplearla para trasladar el poder de Dios a nuestra vida.

Si conoce bien la Biblia, sabe que a menudo se requiere de un paso de fe antes que se revele el poder divino. Consideremos un ejemplo tomado de Éxodo 14. Después de una liberación milagrosa, Moisés se encuentra caminando delante de un montón de ex-esclavos llamados israelitas. Durante cuatrocientos años nunca se han organizado en forma de un ejército. No tienen una sola arma. No tienen ni un solo líder militar: ni generales, ni mayores, ni capitanes, ni tenientes, solo un manojo de campesinos rumbo al desierto.

Cuando los israelitas están llegando a los linderos de Egipto, el Faraón se da cuenta de lo que ha hecho al dejarlos ir. Sin ellos, ¿quién va a hacer todo el trabajo sucio? ¿Quién va a limpiar los baños? ¿Quién va a hacer ladrillos bajo el sol ardiente?

Rápidamente, el Faraón reúne a su bien adiestrado ejército: soldados en carros, hábiles hombres de caballería e infantería, y todos bajo su mando, salen para hacer regresar a los israelitas a la esclavitud. Cuando el ejército de Faraón se acerca, Moisés mira a su alrededor y ve que está atrapado contra el Mar Rojo. Tiene que haber pensado: *Y bien, Dios, ¿cómo nos vas a sacar de esta?*

Todavía siguiendo las instrucciones específicas de Dios, Moisés continúa guiando al pueblo hacia el borde de las aguas. No hay forma de escapar. Los primeros del pueblo ya están mojándose los dedos de los pies, y si los de atrás no dejan de empujar para escapar de los egipcios, las cosas se van a poner realmente feas.

Observando a Moisés desde atrás, el pueblo tiene que haber pensado que estaba completamente loco. El primer axioma de la estrategia militar es tener siempre una ruta de escape. Pero aquí, Moisés iba caminando directamente rumbo al mar.

De pronto un poder nunca antes visto por ojo humano se manifiesta ante los espantados rostros de miles y miles de israelitas. Con un poderoso rugido, las aguas empiezan a separarse y Dios da una vía de escape, directamente a través del fondo del mar.

¿*Sabría* Moisés que Dios iba a separar las aguas del Mar Rojo cuando siguió las instrucciones de que caminara hacia la orilla de las aguas? Lo dudo. ¿Cómo habría podido saberlo? Nunca antes había ocurrido algo parecido. Estaba más allá de toda imaginación humana que alguien insinuara siquiera que toda la nación escaparía del Faraón atravezando por un camino seco, en el fondo del mar.

Pero aquí está la clave. Aquí está el eslabón perdido que trasladó el poder de Dios a la vida de Moisés. *Aun cuando Moisés no sabía cómo habría de intervenir Dios, él actuó como si Dios lo fuera a hacer.* Se mantuvo caminando en la dirección en la que Dios lo estaba guiando y solo confió en que en algún momento Dios habría de mostrar su poder.

La misma clave que funcionó para Moisés funcionará para usted. Ha funcionado para mí.

Mi primera verdadera prueba vino poco después de haber recibido una llamada telefónica que cambiaría radicalmente mi vida. El impacto de la llamada podría resumirse en estas tres palabras: «Papá ha muerto».

Varios días después del sepelio, después de haber visto cómo el cuerpo de papá era bajado a la fosa y de haber hecho lo mejor para consolar a mi adolorida madre, me di cuenta de que tendría que enfrentar a mi congregación. Y no solo tendría que pararme frente a ella, sino que tendría que predicar un sermón. No podía dejar de seguir viviendo, solo porque mi papá ya no estaría más con nosotros en la tierra, pero si había un pedazo de terreno donde nunca me imaginé que tendría que pararme, ese era en los dos o tres pies cuadrados detrás del púlpito de la *Willow Creek Community Church*. Habría preferido estar en Siberia o en una selva infestada de serpientes venenosas, cualquier lugar con tal de huir del dolor que sentía y del miedo de pararme frente a un grupo de personas que estaban esperando oír un sermón de mí.

Sentí que sencillamente no podría hacerlo.

Después del sepelio, cuando volvía a las afueras de Chicago desde Kalamazoo, traté de reunir mis fuerzas. Traté como pude de alentarme, pero no dio resultado. No había nada. No había absolutamente ninguna fuente interior de la cual sacar algo que me ayudara. Era como si la muerte de mi padre hubiera sacado de mí mi propia vida. Había dado todo lo que tenía en un esfuerzo valeroso para consolar a mi madre y ahora veía que nada había quedado para mí.

Todo esto me era nuevo. Sentí miedos que nunca antes había experimentado. En medio de la preparación de mi sermón me encontré abatido y llorando. A medida que se acercaba el sábado se me hizo muy claro que carecía de las fuerzas para predicar. Una cosa era estar escondido en la oficina del pastor hecho un desquiciado, y otra era pararme en frente de miles de personas y que todos observaran mi debilidad.

«No puedo», admití. «Simplemente no tengo las fuerzas».

En ese momento, un pensamiento perturbador tomó forma en mi mente. *Si no lo hago este domingo, ¿cómo podré hacerlo el próximo?* Una vocecita maliciosa y chillona susurró estas palabras de desesperación en mi espíritu: *No vas a ser capaz de hacerlo. Nunca. Así que es mejor que abandones el ministerio. Ya lo hiciste. ¡Estás acabado!*

Pero en seguida, el quieto susurro del Espíritu Santo dijo algo cuerdo a mi confusa y fatigada mente. *Ve paso a paso. Mañana por la mañana, levántate y actúa como si no tuvieras ningún problema para predicar. Ve si el poder no ha de venir. Confía en mí. ¡Muestra aunque sea un poco de fe! Camina en la dirección que te estoy pidiendo que vayas y ten fe en que te voy a dar el poder mientras vayas.*

A la mañana siguiente me desperté y mi primer impulso fue quedarme en cama. Pero entonces recordé las amables palabras de Dios. *Muy bien, Dios,* oré. *Me voy a levantar y actuaré como si tuviera todas las fuerzas del mundo. Iré hasta donde me lo permitas. Si es hasta la puerta de calle, hasta ahí iré. Si es hasta mi automóvil, hasta ahí iré. Si es hasta el púlpito, hasta ahí iré. Seguiré adelante, confiando en que tú me darás el poder que necesito.*

No todo se me hizo fácil de inmediato. Mientras me bañaba, me vestía y conducía hacia la iglesia, seguía sintiendo una profunda tristeza y una sensación de pesadez. Cuando al fin me llegó el turno de tomar mi lugar en la plataforma frente a la congregación, no sentí ninguna energía proveniente de Dios. Y cuando llegó el momento de ponerme de pie y caminar hacia el púlpito, la batalla estaba lejos de terminar. Cuando sentí que el miedo me atenazaba la garganta, oré en silencio: *Señor, aquí estoy, y estoy confiando en ti. Me siento terriblemente débil esta mañana. Pero voy a permanecer aquí y voy a actuar como si me hubieras dado el poder que necesito. Si me lo das, bien. Si no, estoy seguro de que me derrumbaré; pero, de todos modos, aquí vamos.*

Me gustaría poder decir que en ese momento de fe fui repentinamente cargado de energía. Pero nada ocurrió. Gran parte de mi alma seguía partida, pero Dios me dio suficiente poder como para terminar mi sermón. (Muchas personas dijeron que se habían sentido muy fortalecidas por ese sermón, y desde entonces he seguido predicando domingo tras domingo.)

Quizá suene demasiado trivial para usted, pero ese momento fue para mí uno de los más maravillosos que haya tenido jamás. Llegó a ser una base tan importante en mi vida, que muchas veces lo he considerado cuando las circunstancias difíciles amenazaban con arruinarlo todo. Para mí, predicar un sermón en ese momento me pareció el colmo de lo absurdo, algo así como comprar entradas para la disputa del campeonato nacional de los Cachorros de

Chicago con un año de anticipación. Lo que aprendí es que Dios tiene poder y Él está dispuesto a compartirlo con nosotros si estamos dispuestos a dar pasos de fe y creer que Él lo hará.

No solo necesitamos creer que el poder de Dios vencerá nuestra debilidad, sino que necesitamos cumplir el trabajo que Él nos ha asignado para hacer en la tierra.

Poder para hacer el bien

Me encontraba en medio de un domingo glorioso pero agotador. Después de haber predicado tres sermones ese fin de semana, me había tenido que preparar para un culto bautismal que tuvo lugar en la tarde. Cuando el culto terminó, había participado en más de doscientos bautismos.

Poco después, corrí al aeropuerto para tomar un vuelo hacia la costa oeste. Tenía que hablar en una conferencia temprano al día siguiente.

Al abordar el avión y sentarme, esperé nervioso para ver quién se sentaría a mi lado. Estaba deshecho, así que oré: *Querido Dios, haz que en lugar de ser un hablador, sea un lector.* Los que viajan a menudo conocen lo que estaba pidiendo. A algunas personas les encanta mantenerse hablando a lo largo de todo el vuelo. Otros prefieren mantenerse tranquilos, abrir un libro y hacer un leve movimiento con la cabeza hacia el vecino antes de bajar del avión.

Un hombre se sentó a mi lado, sonrió y sacó un libro. Pronto yo también estaba sonriendo. Me puse cómodo y empecé a leer mi propio libro.

Para mi sorpresa, pronto se hizo evidente que no estábamos yendo a ninguna parte. Después de una hora, el avión seguía detenido. Sentí que Dios hablaba a mi corazón: *¿Qué te parece si muestro mi grandeza y poder a través de ti?*

Señor, le respondí. *Estoy cansado. Si quieres hablarle a este hombre, búscate a alguien que tenga más energías que yo.* De inme- diato la convicción del Espíritu Santo hizo presa de mí, y me encontré pronunciando una oración de sumisión. *Señor, si quieres ser fuerte en mi debilidad, sé fuerte.*

A la mitad del vuelo (el avión por fin había despegado) nos sirvieron la comida y el hombre sentado a mi lado finalmente habló. «Veo que va leyendo un libro. ¿Qué lee?»

Como era un libro cristiano, su pregunta nos llevó a tratar asuntos espirituales, así que pasamos el resto del vuelo hablando de la diferencia entre el cristianismo y la religión tradicional. Antes de separarnos, intercambiamos tarjetas. No hubo gran revelación, ninguna conversión espectacular, sino una puerta espiritual abierta en la vida de aquel hombre.

Aunque nos mantuvimos hablando sin parar por más de una hora, me sentía menos cansado que cuando abordé el avión. Es estimulante ser usado por Dios. Me bajé del avión mientras pensaba: *¡Cuántas veces Dios habrá querido ser fuerte a través de mí y no se lo he permitido!*

Fíjese en esto. Dios es grande y Dios es poderoso, pero tenemos que invitarlo a que lo sea en nuestra vida. Su fuerza está siempre presente, pero somos nosotros los que tenemos que proporcionar un canal a través del cual fluya ese poder.

Algunos de ustedes quizá se sientan abatidos y vacíos, como víctimas que han sido aporreadas y molidas. Algunos tienen que enfrentar tareas aterradoras y retos inflexibles y están tan preocupados que no saben qué hacer. Le exhorto a que actúe como si estuviera lleno de poder, y vea —solo pruebe— si Dios no le da de sus fuerzas. Decídase en este mismo momento a caminar en la dirección que Dios le está diciendo y confíe en que mientras lo esté haciendo, Dios le dará de su poder.

Pablo nos exhorta: «Para que vuestra fe no esté fundada en la sabiduría de los hombres, sino en el poder de Dios» (1 Corintios 2.5). Yo tenía muy pocas fuerzas o sabiduría con que hablarle a aquel hombre en el avión, pero mi incapacidad careció de importancia ante el milagroso y nunca vacilante poder de Dios.

La belleza del poder de Dios está en que lleva a las personas directamente a la fuente; es decir, a Dios mismo. Cuando Pedro y Juan sanaron al paralítico y la gente se agolpó a observarlos, los apóstoles rápidamente les recordaron que la grandeza que habían visto era evidencia del poder de *Dios*, no de ellos. Pedro les dijo:

«Varones israelitas, ¿por qué os maravilláis de esto? ¿o por qué ponéis los ojos en nosotros, como si por nuestro poder o piedad hubiésemos hecho andar a éste?» (Hechos 3.12).

La gente puede impresionarse cuando ve manifestarse el poder humano. Pero la exigencia del evangelio es mucho más que impresionarse con el Reino de Dios. Las personas tienen que humillarse, maravillarse y sentir un temor reverente ante un poder que viene de una fuente completamente diferente, y solo el poder de Dios, revelado en nosotros puede hacer la tarea.

El poder de Dios nos librará de nuestras debilidades y nos capacitará para hacer su voluntad. También nos dará las fuerzas para llegar a ser como Cristo.

Poder para ser como Cristo

Un día durante todo el trayecto hacia el aeropuerto O'Hare no hice sino mirar el reloj y calcular cuánto me faltaba para llegar. Debí haber salido treinta minutos antes pero me enredé haciendo otras cosas y ahora estaba a punto de perder el vuelo.

Apenas llegué al aeropuerto corrí hasta el mostrador de pasajes de la aerolínea. Mi portatraje y mi maletín volaban por el aire. A pesar de mi carrera hacia el aeropuerto y mi prisa, el empleado encargado de los boletos manejaba las cosas a dos velocidades irritantes: lenta y retardada. *Alguien debiera tomarle el pulso a este tipo*, pensé. *A lo mejor se murió y nadie se ha dado cuenta.*

Mientras seguía moviéndose a la velocidad de un glaciar, me puse a pensar que yo, a diferencia de un glaciar, no tenía dos mil años para llegar a donde iba. Así que aparatosamente puse mi licencia de conducir sobre el mostrador. El hombre ni se dio por aludido. Todo dentro de mí me decía que saltara sobre el mostrador y dijera: «¡Resucita, hombre! ¡Estoy apurado!»

De pronto otro pensamiento vino a mi mente: *Tengo que tomar una decisión. O sigo comportándome como un energúmeno o trato de ejercitar el autocontrol.* Entonces empecé a preguntarme qué pasaría si yo estuviera dispuesto a mostrar mi fe y actuara como una persona paciente lo haría. Si lo hacía así, ¿supliría Dios la gracia que necesitaba para ser un hombre paciente?

Luego de unos segundos, me pregunté: *¿Cómo se comportaría un hombre paciente en esta situación?*

Lo primero que haría sería alejarse un poquito del mostrador, así que me eché un poco hacia atrás. La próxima cosa que probablemente haría sería ponerse las manos en los bolsillos. Así que metí los puños en lo más hondo de los bolsillos. Por último, me imaginé que un hombre paciente le preguntaría al empleado cómo estaba. Obligué, entonces, a que mi boca dijera:

«¿Cómo han estado las cosas hoy?»

El hombre movió los ojos. ¡Por fin, una chispa de vida! «Hemos estado realmente muy ocupados. ¡Y la gente me ha estado gritando todo el día!»

A medida que daba expresión a su desencanto, el hombre me pareció más humano. De pronto empecé a sentir que el poder de Dios me empezaba a transformar en una persona más paciente. Aun el pulso se me tranquilizó. Y aunque el pulso del empleado creo que no se aceleró mucho, pude abordar el avión y hacer mi viaje. Y aprendí una importante lección (en una esfera que sigue necesitando mucho trabajo en mi vida).

¿Cuál fue la clave? Me puse en camino y ejecuté la acción, confiando en que Dios daría el poder mientras avanzaba. Descubrí que la fe es el puente entre la omnipotencia de Dios y nuestra experiencia de su poder en nuestra vida.

Ahora hasta me divierte cuando alguien me dice: «Necesito reconciliarme con un amigo, pero no siento que tenga las fuerzas para hacerlo». Me gustaría decirle: «Nunca ha sido fácil reconciliarse, pero actúe como una persona reconciliada actuaría. Llame a su amigo y mire si Dios no le va a dar las palabras que tenga que decir».

Otros quizá me digan: «No soy una persona generosa». ¿Por qué no empieza a actuar como lo haría una persona generosa y así verá lo que Dios hará?

¿Es un egocéntrico? Cuando empiecen a fluir en su mente aquellos pensamientos egoístas, diga: *Un momento. ¿Cómo actuaría una persona generosa? Voy a demostrar mi fe y veré si Dios me ayuda a hacerlo mientras lo voy intentando.*

La omnipotencia de Dios significa que puede cambiar la orientación de su mente en lugar de caer derrotado en su debilidad. Si Dios puede formar las montañas, si Dios puede mantener al sol en su órbita, si Dios puede dividir el mar y secar la tierra de modo que toda una nación pueda cruzarlo, ¿por qué dudar que Dios puede cambiar su forma de ser?

Sin embargo, quiero ser sincero con usted. El cambio de orientación de su mente, de su debilidad al poder de Dios, requiere de una seria decisión de confiar en Dios, un tipo de tenacidad mental que la mayoría de las personas no asocia con el cristianismo.

Confronto la necesidad del poder de Dios cada día por separado. No tengo el don de la elocuencia por naturaleza, pero casi cada semana tengo que pararme frente a miles de personas y tratar de explicarles la Palabra de Dios. Casi cada semana mi mente empieza a dar lugar a pensamientos de miedo, tales como: *Esta vez no voy a poder estructurar el sermón. Esta vez Dios no me va a usar. Ahora viene el gran salto al vacío.*

No puedo decirle lo que me cuesta en energía, determinación y oración mantenerme fiel a la decisión que he tomado de ejercer fe y confiar en el poder de Dios.

Y cada vez que mi esposa y los niños viajan a Michigan a visitar a los parientes, casi sin excepción cada hora y media estoy pensando en todas las calamidades que podrían ocurrirles en la carretera, y entonces tengo que obligarme a confiar en que el poder de Dios los va a proteger.

¿Cómo lo hago? Lleno mi mente de la verdad de la identidad de Dios. Me mantengo consciente de que su poder fluye a través del primer plano de mi siquis, y memorizo versículos importantes de las Escrituras y conscientemente «cambio los canales» de mi cerebro hasta que descanso en su poder. Debido a que los problemas que confronto hoy son sencillamente demasiado grandes para mantenerme en la ignorancia y confiar en mis propios recursos, he declarado la guerra a mi ignorancia de Dios.

Lo mismo es cierto para usted. Decídase a conocer a Dios. Él es todo conocimiento. (Él es omnisciente.) Él siempre está presente cuando lo necesita. (Él es omnipresente.) Y Él está en control. (Él es omnipotente.) Todos los «omnis» de su carácter han cambiado mi vida, así como a millones de vidas a lo largo de la historia y probablemente la de su vecino o quizá la de su compañero de trabajo.

Este es el Dios que le va a ayudar. Este es el Dios que le va a dar el poder para vencer sus problemas y satisfacer las aspiraciones que Él ha puesto en su corazón.

Y mejor es la noticia que aun cuando Dios está siempre en control eso no significa que sea imperturbable y un estoico insensible. Como veremos en el siguiente capítulo, nuestro Dios omnipotente es un Dios expresivo, un Dios que reacciona a la acción, los sentimientos y los pensamientos de los que ha creado. No puedo esperar para mostrarle cómo incluso un Dios omnipotente es un Dios con el que podemos relacionarnos.

4

¿Busca a un Dios...

QUE PUEDA REÍR Y LLORAR CON USTED?

■

«Deje de reír. Está en la iglesia. ¿Qué ocurre con usted?»

«Este no es lugar para llorar. Si no puede controlar sus emociones, vaya a su cuarto hasta que se serene».

«Trague esa rabia. No le hará bien echarla afuera».

Estas voces me persiguieron durante mi juventud. Crecí en una devota subcultura holandesa en Michigan, y mientras esa educación preparaba el camino para mi más hermosa experiencia —una relación personal con Jesucristo— también me daba la impresión de que sentimientos fuertes de cualquier clase necesitaban ser «revisados» antes de expresarlos.

El resultado de todo eso fue que la viveza de nuestras experiencias perdía su definición y llegaban a ser blandas, aburridas y, lo que es peor, notoriamente carentes de autenticidad. De niño, crecí sospechando de esos filtros espirituales, los cuales succionaban la vida de quienes me rodeaban. Era como si Dios hubiera creado un mundo con sabores deliciosos para que los disfrutemos —condimentos, especias exóticas y postres—; pero en la iglesia solo se nos permitía comer arroz blanco sin nada más.

Habrían de pasar varios años antes que tuviera el valor de cuestionar estas presupuesiciones. *¿Será posible*, me preguntaba, *que los discípulos de Cristo puedan ser alegres sin que parezcan superficialmente tontos? ¿Es posible que los discípulos de Cristo sientan tristeza y al mismo tiempo eviten que se les culpe de ser malhumorados o carentes de fe? ¿Pueden los discípulos de Cristo enojarse, no simplemente irritarse sino enojarse profundamente, sin cometer una infracción bíblica?*

Detengámonos aquí por un momento y permítame hacerle una pregunta personal: ¿Qué piensa de la aptitud de dar a conocer los sentimientos reales? Quizá se considere un buscador, de modo que lo que Dios piense de sus sentimientos no le importe todavía. Pero si se declara un discípulo de Cristo, la pregunta es de vital importancia.

■

Dios es un Dios expresivo

Si vemos a Dios como el filósofo estoico —impasible e inconmovible por las alturas del éxtasis o las profundidades de la tristeza— entonces naturalmente aspiraremos a cultivar el mismo carácter. Pero si Dios es un Dios expresivo que experimenta y muestra toda una amplia gama de ricas emociones, entonces nuestra vida opaca se verá como una aberración que habrá que desarrollar y cultivar.

¿Se deleita Dios?

¿Se deleita Dios? Si Él hiciera una carrera perfecta ¿caminaría lentamente en dirección al árbitro para entregarle el balón, o se pondría a brincar de alegría junto con sus compañeros de equipo?

Si abre la Biblia en el primer capítulo del libro de Génesis, no va a tener que leer mucho antes de tropezar con un Dios que se deleita en cuanto hace. Después de cada día de creación, Él da algunos pasos hacia atrás, observa lo que ha hecho, y dice:

«¡Perfecto! ¡Me gusta lo que he creado! ¡Me deleito en el resultado!»

Después de los primeros cinco días, Dios llevó a cabo su más maravillosa obra: creó a los seres humanos. Observando a Adán y Eva, Dios dijo: *Muy, pero muy bien.* Y tan complacido estaba, que se tomó unas pequeñas vacaciones y el séptimo día descansó, deleitándose y solazándose en la gloria del mundo creado, el que había salido de sus manos.

A lo largo del resto de la Biblia, Dios experimenta intensos sentimientos de felicidad. Cuando ve a su pueblo actuando en una forma que lo honra, experimenta irrefrenable alegría: cuando recibe nuestra adoración, cuando ve nuestra fe en las más angustiosas circunstancias, cuando ve cómo su pueblo disfruta de su amor tierno. El Dios de la Biblia sonríe, y su corazón canta con deleite. «Se gozará sobre ti con alegría, callará de amor, se regocijará sobre ti con cánticos» (Sofonías 3.17).

El infinito gozo de Dios que aparece en ese versículo me hace pensar en un buen programa musical. He estado en tantos como para «sentir» cuando se va a empezar a cantar una canción. El movimiento de los personajes en el escenario y la mirada diferente que se puede ver en sus ojos le dice que alguien va a empezar a cantar. Y efectivamente, alguien canta.

Eso es lo que se siente en el versículo que citamos. Dios está mirando a su pueblo y no puede hacer otra cosa sino ponerse a cantar. No se encierra en la ducha para cantar sino que a la vista de todos sus ángeles, Satanás, o quien sea que esté mirando, Dios irrumpe con un coro lleno de alabanza. Él no tiene vergüenza de que se le reconozca como un Dios expresivo.

Otra forma para descubrir cómo se alegra Dios es observar su espejo terrenal, la persona de Jesucristo. Juan 5.19 dice: «Todo lo que el Padre hace, también lo hace el Hijo igualmente». Jesucristo fue el reflejo perfecto de la naturaleza de Dios en cada situación en que se encontró mientras estuvo en la tierra.

Y ejemplo de eso es cuando en una ocasión Jesús se encontró en una de las más expresivas ceremonias que los seres humanos pueden experimentar. Aunque en la actualidad las bodas tienden a ser... bueno, ¿puedo decirlo sinceramente? A menos que usted sea miembro de la familia inmediata, las bodas pueden ser tan emocionantes como ver prenderse una computadora. Sin embargo, en la época de Cristo las bodas no eran nada aburridas. A menudo las ceremonias duraban toda una semana en medio de estridentes carcajadas, danzas exhuberantes y banquetes espléndidos que aumentaban a medida que la celebración transcurría. No eran ceremonias como las de ahora, que duran cuarenta y cinco minutos y a las que se puede asistir entre juego y juego de los niños en el campo de fútbol. Al contrario, a menudo tenías que separar una semana completa para pasarla en la boda.

A menos, por supuesto, que tuviera una «reputación» que cuidar, como muchos de los fariseos. Al ver la alegría de Jesús, los guías religiosos se preguntaban si Jesús disfrutaba de las bodas más que quienes alardeaban de ser religiosos.

Pero eso no hizo cambiar a Jesús, porque Él amaba la alegría. Él disfrutaba del deleite, dejando que diera alegría a su lengua, llevara danza a sus pies y risas a su alma. En realidad, una de las razones por las que dijo que debíamos obedecerle es para que nuestro «gozo sea cumplido» (Juan 15.11). (¿Cuándo fue la última vez que tuvo un buen tiempo de alegría?)

La próxima vez que mire su reloj durante una ceremonia de bodas y se lamente de que han pasado cinco minutos desde su último bostezo, deje que su mente busque a Jesús, quien puede dar vida a cualquier celebración, y que quiere asimismo traer vida a su alma en este día.

Sin embargo, Dios no solo es deleite. El mismo Jesús que disfrutó acompañando a la novia y al novio es llamado en otra parte «varón de dolores».

Dios se entristece

Cuando Jesús caminó hacia el sepulcro de Lázaro no lo hizo aparentando estoicismo.

Lo hizo llorando.

Cuando contempló a Jerusalén y vio a sus habitantes desorientados y malgastando su vida, Jesús lloró las lágrimas amargas de un padre angustiado. Su alma se conmovió de dolor, y exclamó: «Son como ovejas que no tienen pastor. Están perdidos».

Pero nada se puede comparar con la angustia de espíritu la noche de su arresto en el huerto de Getsemaní. Nunca la tristeza había conocido tal oscuridad; nunca la tierra había probado lágrimas más amargas; nunca el espacio había sido horadado por gemidos tan agonizantes. Al tratar de explicarlo a sus discípulos, Jesús dijo: «Mi alma está muy triste, hasta la muerte» (Mateo 26.38). El la versión *La Biblia al Día* dice: «Tengo el alma llena de tristeza y angustia mortal».

Jesús anduvo por regiones de tristeza por las que nunca nadie más ha pasado. Sufrió en el oscuro valle de la traición. Atravesó las frías montañas de la deserción. Y ni una sola vez *—ni una sola vez—* sugirió siquiera que la reacción apropiada era ponerle límites a la tristeza, «acicalarse» pintándose una sonrisa artificial en el rostro. Él no dijo: «Esta no es la forma de mostrar fe; debo demostrar que estoy gozoso». Al contrario, lloró las lágrimas puras de una vida comprometida y llena de fe.

Nadie pasa por la vida sin recibir algunos golpes. No estoy hablando de darse un golpe casual en un hombro. Estoy hablando de golpes en las entrañas tan fuertes, que le dejan sin aliento y que le hacen preguntarse si podrá volver a respirar.

Una cosa es decir, como mencionamos en un capítulo anterior, que Dios conoce sus dolores. Pero quizá decirle que Dios no solo conoce sus dolores, sino que prueba su amargura en su propia boca, sea una palabra de ánimo adicional para usted. Dije antes que Dios recoge sus lágrimas en una redoma, pero también es bueno que sepa que Él no mira esa redoma con la mirada fría de un científico que está llevando a cabo un experimento. Él la mira con una angustia en el corazón y un nudo en la garganta mientras exclama a través de sus propias lágrimas: «Tu dolor afecta mi alma también, así que voy a dar validez a tus lágrimas recogiéndolas una por una».

Cuando crecí llegué a suponer que si hacía las cosas bien —si era un empleado fiel en el cristianismo ejecutivo— podría acicalarme y ponerme una sonrisa plástica en el rostro, practicando la gastada frase cristiana «todas las cosas ayudan a bien».

Así no actúa Dios. La muerte de Lázaro obró para bien, pero ese hecho no secó ni una sola lágrima de las que derramó Jesús. Nuestro Dios sufre, profunda e intensamente.

Él también se enoja.

Dios se enoja

Quizás empiece a ponerse nervioso. Porque nos gusta pensar en un Dios que sabe pasar un tiempo agradable. Nos consuela la realidad de un Dios que se identifica tan estrechamente con nosotros que puede probar la sal de cada una de las lágrimas que ruedan por nuestras mejillas. Pero ¿qué esperanza, qué aliento podemos lograr conociendo a un Dios que se enoja?

Cuando miramos el espejo de Dios en Jesucristo, no quedan dudas de que Dios se enoja. ¿Necesito recordarle la vez que Jesús entró en el templo y vio a comerciantes deshonestos subiendo los precios de los animales que se necesitaban para ofrecer sacrificios a Dios? Jesús no tiene problemas con los comerciantes honrados, pero esos hombres tenían una moral equivalente a los dueños de tiendas que comienzan a cobrar a diez dólares el galón de agua embotellada después que un huracán crea una insaciable demanda. Eran estafadores, tramposos que habían convertido una casa de oración en un casino; por eso Jesús se enfureció.

Buscó algunas cuerdas y las unió para hacer con ellas un látigo. Este no fue un arranque temperamental del que Jesús más tarde tuviera que arrepentirse. Él sabía lo que estaba haciendo y con todo cuidado decidió qué acción emprender, y esas acciones incluían usar un látigo para limpiar el lugar y devolverle su condición de lugar para la adoración.

El chasquido del látigo resonó en el aire y espantó a la gente. Me puedo imaginar a los discípulos dando un paso atrás, sus mandíbulas caídas sobre el pecho y diciendo: «¡Miren eso! ¡Jesús enojado!»

Creo que Jesús tuvo razón en usar el látigo. Aquellos hombres amadores del dinero no serían privados de sus reservas de efectivo sin una buena razón, y un Mesías dócil, suave y «caballeroso» difícilmente habría sido razón suficiente. Así que esta gente tenía dos posibilidades: desalojar la casa de Dios o enfrentar la ira de su Hijo. (El hecho de que todos allí optaron por la primera opción debiera decirnos algo sobre cómo sería enfrentar la ira de Dios.)

Pero mientras algunos nos resistimos a pensar en un Dios enojado, otros han caído en la trampa de creer que la ira de Dios es solo cuestión emocional. Conozco a un hombre que creció creyendo que si usted se sale una pulgada de la línea recibe un golpe con el martillo celestial. Eso significa que siempre estará a una pulgada de tener *serios problemas* con Dios. Un pecado secreto y estará a punto de perder el trabajo, ser desalojado de su casa o contraer una enfermedad incurable.

Eso no cuadra con lo que la Biblia dice acerca de la ira de Dios. El Salmo 103.8 dice que Dios es «lento para la ira». La Biblia no dice que Dios *nunca* se enoja, sino que dice que es *lento* para enojarse. Dios pospone su ira todo lo posible, salvo que nosotros lo provoquemos una y otra y otra vez. Su disposición fundamental hacia usted y hacia mí es de amable delicadeza. De aquí se parte. La ira es una estación en el camino por la cual Él debe pasar.

¿Cómo podemos hacer enojar a Dios? Hebreos 10.26 dice: «Si alguien peca deliberadamente rechazando al Salvador» (paráfrasis). En otras palabras, la mejor forma de hacer que Dios se enoje es ver lo que Cristo hizo en la cruz y decir: «¡Tremenda cosa! ¿A quién le interesa? Ese no es problema mío, por lo tanto, no me preocupa».

Esa actitud es la que apunta hacia usted la ira de Dios. Si alguien deliberadamente rechaza al Salvador, ese pecado hace que los otros pecados le «golpeen». Y aunque Dios puede ser, y de hecho quiere ser, el amigo y compañero más amoroso que usted pudiera jamás tener, si adopta esa actitud de rechazo va a encontrar que Él es el más dispuesto y temible enemigo imaginable. No verá por delante sino el terrible castigo de la ira de Dios, que la Biblia promete clara y terriblemente como una ira que, al final «ha de devorar a los adversarios» (Hebreos 10.27)

Quizás algunos de ustedes se sientan inclinados a cerrar este libro en este punto. No les gusta oír esto. Está enojado. O está asustado. O ambas cosas. La ira de Dios no es nada agradable para personas con problemas de pecados que revisar, pero debemos insistir en el análisis de esto porque una cosa es segura: la ira de Dios es siempre legítima y algo de ella está relacionada directamente con usted.

Al mismo tiempo, sin embargo, la ira de Dios se calma en un suspiro cuando una persona obstinada se humilla y reconoce su condición pecaminosa. Dios *quiere* alejar su ira de usted, por eso proporcionó una alternativa por medio de Jesucristo y su obra en la cruz. Si rechaza esa alternativa o incluso si la toma a la ligera, como diciendo «No necesito a Dios; es más, creo que es ridículo pensar que cualquier cosa que yo haga tenga algo que ver con Dios» entonces estará empujando a Dios a un punto en que Él dirá: «Está bien, si no quieres que aleje de ti tus pecados, entonces tendrás que vivir con ellos —y en ellos— durante esta vida y en la eternidad».

A usted le corresponde decidir. Pero permítame recordarle que cuando se enfrenta a la ira de Dios no puede vencer, sino que está recibiendo lo que se merece.

Afortunadamente, la ira es solo *una* de las muchas emociones de Dios, quien es todo menos desapasionado. Su misericordia es otra.

Dios es dulzura

En una ocasión estaba atravesando por algunas pruebas particularmente difíciles. Nuestra iglesia estaba creciendo y nuevas obligaciones empezaban a caer sobre mis ya recargados hombros. Aun cuando sabía de la fidelidad y provisión de Dios (y así lo había enseñado), en el fondo de mi mente me preguntaba: *¿Seré capaz de lidear con todo esto? ¿Podré establecer un equilibrio sano entre familia, mis devociones y la obligación de la iglesia?*

Y entonces un domingo, después del culto, un amigo me llevó a un lado y me miró a los ojos, con esa clase de mirada que amorosamente exige total atención. «Si usted o su familia necesitaran algo, quiero que sepa que haré todo lo que esté en mis manos para atender a esa necesidad».

Mientras se me hacía un nudo en la garganta, en mi espíritu sentía un impulso que me hizo orar: *Señor, ¿estás rodeándome con tus brazos a través de este hermano?* Y la seguridad espiritual que fluyó en mi alma en ese momento no me dejó dudas al respecto: *Sí, me estás abrazando, ¿verdad?*

En el corazón de Dios hay una dulzura intrínseca que trata de ayudarnos a llevar nuestras cargas. Cuando Él ve a alguien que parece demasiado frágil, como me sentía yo en ese momento, encuentra medios para visitarnos y hacernos saber que no estamos solos.

Dios es misericordioso, y lo es como nadie puede serlo.

Isaías 42.3 dice: «No quebrará la caña cascada, ni apagará el pábilo que humea». Una caña hueca que se dobla. Un pábilo que se conserva hasta el último vestigio de su llama. Estos dos cuadros de debilidad nos describen a algunos de nosotros. Un movimiento equivocado —puede ser hasta sincero— y la caña terminará quebrada, y la llama extinguida.

Pero llega Dios, ve a los más frágiles de su pueblo balanceándose al borde de la desesperación, ¿y qué hace Él? Los alcanza con un toque de dulzura casi increíble que acaricia la caña y trae nueva vida a la llama moribunda. Él dice: «Seré tierno. Sanaré tus magulladuras. Lo que tú necesitas es dulzura y yo tengo mucha para darte».

Sí, Jesús es dulzura. En realidad, pocas cosas frustraron a los discípulos de Jesús como su dulzura. El mismo hombre que había demostrado ira justa al desalojar el templo los confundió totalmente cuando mostró dulzura y ternura hacia aquel molesto grupo de niños. Una cosa era no espantarlos, ¿pero era necesario que se detuviera y se pusiera a jugar con ellos? ¿Tenía que alzarlos y ponerlos sobre su regazo?

¿Y los leprosos? Una cosa era saludarlos o sanarlos al pasar, pero Jesús se tuvo que detener y *tocarlos* y, lo que es peor, *abrazarlos*. En aquella época a los leprosos se les tenía tanto miedo que el solo pensamiento de tocar a un leproso haría a alguien vomitar. La lepra se come las extremidades, dedo a dedo, pedazo a pedazo y pone la piel de un color blanco horrible. Levítico 14 prescribe un estricto tratamiento si se encontraba lepra en una casa: La casa tenía que ser derribada, ladrillo a ladrillo, madera a madera y todo lo que había en ella llevado fuera de la ciudad.

A los leprosos no se les trataba mejor que a sus casas. Aunque no los «desmantelaban», se les confinaba a lugares fuera de las ciudades. Cuando tenían que entrar a las ciudades, estaban obligados a hacerlo con el grito «Inmundo, inmundo», lo que permitía que los sanos se apartaran de su camino.

Si había quienes supieran el significado de ostracismo y culpabilidad, esos eran los leprosos. Eran los parias sociales de aquellos días. Y aquí tenemos a un hombre quien sabiendo de su enfermedad no solo hablaba con ellos, sino que también los tocaba. Cuando Jesús extendía sus brazos alrededor de esas preciosas almas atrapadas en cuerpos que se iban descomponiendo paulatinamente, era el primer abrazo que muchos de ellos habían recibido en diez, veinte o incluso treinta años.

Sí, Él los tocaba. Y los sanaba. Les mostraba el lado afectuoso que no habían visto desde que eran criaturas en el seno de la madre.

Dios tiene un lado afectuoso que nosotros necesitamos. Algunos lo necesitamos porque solo hemos conocido asperezas de los «grandes» en nuestra vida. Sea que hayamos sido maltratados por un padre, un jefe o incluso un pastor, lo único que algunos hemos conocido ha sido juicio, escarnio, castigo y mofa. Y Dios nos dice: «En una relación conmigo, conocerás una forma de dulzura que satisfará la necesidad de incluso una caña cascada y una vacilante llama».

Como Dios es expresivo —porque Él es gozo, tristeza, ira y dulzura—, la Biblia enseña que *nosotros podemos personalmente agitar estas emociones en Él.*

■

Un Dios que se conmueve

Debido a que Dios se permite conmoverse, nosotros tenemos la oportunidad de conmoverlo. En un sentido, nosotros podemos hacerlo feliz. Podemos llevar una sonrisa a su rostro si somos sinceros, confiados, fieles y obedientes a Él. En cualquier momento del día, podemos tener un pensamiento de adoración y ofrecérselo a Él, y así enviarle una sonrisa de alegría que ilumine su rostro eterno.

El otro lado de esto, por supuesto, es que también podemos destrozarle el corazón. Recuerde que no estamos hablando de cristianismo ejecutivo de alto nivel, con un jefe insensible y un manual del empleado con reglas, premios, castigos y promociones. Estamos hablando del cristianismo según Dios lo entiende: una relación apasionada, dispuesta y plenamente emocional.

En este cristianismo no solo violamos una regla sino que desgarramos el corazón de Dios. No solo «nos salimos de la línea» sino que violamos una relación y traicionamos una confianza. No solo «desobedecemos» sino que deshonramos a un amigo íntimo. No solo cometemos una infracción, sino que alzamos el puño a alguien que ha derramado su sangre y se ha dejado clavar las manos para salvarnos.

Sí, podemos provocar la ira de Dios. Podemos rechazar a Cristo, obstinadamente podemos seguir nuestro propio camino y hacer que Dios se irrite.

Pero también podemos despertar la ternura de Dios. Algunos de verdad necesitamos admitir: «Dios, soy como una caña cascada... o como una llama vacilante». Si sinceramente exponemos ante Dios nuestra condición, Él nos llenará de su ternura.

Es tremendo, casi increíble, pero bíblicamente ciento por ciento verdad: Cada una de nuestras acciones y actitudes afectan a Dios. Por naturaleza, Él es un Dios expresivo y nos ha dado la capacidad de conmover su corazón.

Hay aun un efecto más de amar a ese Dios expresivo: Somos rescatados de una existencia sin emoción.

■

Regreso a un vibrante vivir

Las fotografías emocionales de Dios no son en blanco y negro. Todas son a color, y tienen las sombras, los matices y todas las combinaciones que nuestra imaginación pueda concebir. Cuando llegamos a ser cristianos fuimos invitados a unirnos a esta familia vibrante, expresiva y amistosa. Dios ha enviado a su Espíritu Santo para transformarnos en reflejos más exactos de lo que es Dios, y eso incluye reflejar su expresividad.

Algunos hemos perdido la intensidad de nuestras emociones. Las hemos revisado y retocado hasta vernos obligados a negar una parte esencial de lo que significa ser humano y creado a la imagen de Dios. Dios quiere restaurarnos la capacidad de expresividad. Como criaturas suyas pero más aun como sus hijos, necesitamos permitirnos un disfrute intenso y prolongado sin sentimientos de culpa.

Algunos debiéramos disfrutar de la naturaleza mucho más de lo que disfrutamos. Algunos debiéramos celebrar mucho más de lo que celebramos. Debiera haber más danzas, más fiestas, más risas, más diversión. Debido a que Dios experimenta gozo intenso —más intenso de lo que podríamos jamás imaginarnos—, debiéramos permitirnos también experimentar ese gozo que hace grande el alma.

Dios también nos invita a expresar profundamente las penas del corazón. No más falsas sonrisas. No más fingir que nuestros períodos de duelo ya han pasado cuando muy en nuestro corazón sabemos que ni siquiera hemos comenzado a sufrir. No más intentos por «acicalarnos» para probar que somos «espirituales». Dios dice: «No huyas de tu aflicción. Te entiendo y ¿sabes una cosa? Yo la *atesoro*, guardando cada lágrima tuya en mi redoma. Si necesitas estar angustiado, pues, angústiate; si necesitas lamentarte, pues laméntate».

Algunos necesitamos expresar apropiadamente nuestra rabia. Hay tantas cosas en el mundo acerca de las cuales debiéramos estar furiosos: la opresión, las injusticias, la discriminación y la crueldad con que se trata a los pobres y las burlas contra los incapacitados. Dios dice: «Enójate, pero convierte algo de esa energía generada por tu ira justa en acción transformadora».

Otros de nosotros necesitamos experimentar momentos de ternura. Algunos hombres sencillamente no saben lo que es ser tierno. No podemos encontrar esa velocidad en nuestra transmisión, de modo que reaccionamos torpemente, por lo que cuando se requiere que estemos sincronizados con las exigencias de tal o cual situación, no lo estamos. Privamos a nuestro matrimonio y a nuestros hijos de una emoción que Dios quiere que expresemos. Es fatalmente serio cuando un hombre no puede mostrar ternura a su esposa y a sus hijos porque resulta mucho más difícil para ellos apreciar, entender y conocer a la persona de Dios. Necesitamos llevar una vida que refleje con más exactitud la ternura de nuestro Dios.

En lugar de vivir una existencia en blanco y negro, podríamos liberarnos a un colorido mundo de viveza y emoción. Al hacerlo así, estaremos reflejando con mayor fidelidad la naturaleza de Dios al mundo que nos rodea. Seremos todo menos seguidores desapasionados de Cristo.

El Dios que andamos buscando no es un estoico. No es unidimensional. Es un Dios expresivo que ha explorado las profundidades de las emociones y los sentimientos que están más allá de la comprensión humana. Este es el Dios en el que podemos invertir toda una vida conociéndolo. Este es el Dios que puede guiarnos a una existencia humana plena. Este es el Dios que siente con nosotros. Este es el Dios que buscamos.

5

¿Busca a un Dios...

QUE SEA SU REFUGIO?

■

En cada estado, en cada ciudad, en cada vecindario, en cada escuela hay uno. Un matón de escuela es tan norteamericano como el béisbol, las elecciones y los cultos del domingo por la mañana.

Usted lo conoce. No tiene más de doce, o quizá trece años, y ya se afeita. El noventa por ciento de las voces varoniles de su escuela lo hacen pensar en las voces de querubines de un coro de niños, pero la voz de ese personaje es ronca y fuerte.

El abusador de nuestra escuela se llamaba Phil. No estoy seguro de qué llegará a ser cuando crezca, un terrorista de doce años; pero al observar a Phil en el gimnasio, nuestro antihéroe, tenía todas las características de un luchador supremo.

Uno de mis mejores amigos, Don, casualmente hizo la brillante, aunque letal observación, de que cuando Phil salía de la ducha, lo hacía pensar en uno de los personajes de la popular serie cinematográfica de ese tiempo, *El planeta de los simios*. Una vez que usted pensaba en ella, la similitud le parecía pavorosa y la palabra de astuta observación produjo aullidos de aprobación entre nuestros condiscípulos... hasta que llegaron a oídos de Phil.

Las palabras no eran precisamente el medio de comunicación favorito de Phil. Prefería los puños, y un día, después de clases, se encontró con Don. Todos, incluso Don, sabíamos que la pelea era inevitable. Aun los más duros de corazón que presenciaban esa catástrofe de un solo lado admitían que una simple broma no se merecía eso.

Cuando el carnoso puño de Phil golpeó la mejilla, la nariz y la frente de Don sentí náuseas y pensé: *¿No habrá nadie que detenga esto?* Después de un rato. Phil se cansó de agregar nuevos y vívidos colores al rostro de Don y lo dejó ir. Un amigo y yo ayudamos a Don a caminar hasta su casa. Todos estuvimos de acuerdo en que probablemente no había sido una buena idea el burlarse de una persona que ya se afeitaba a los doce años de edad.

Lamentablemente, la memoria de Phil tenía tanto alcance como su bajo cociente de inteligencia. Por el resto del semestre y mientras no surgió otro que se ganara las iras de Phil, Don se encontró en la desesperada búsqueda de refugio cada vez que Phil estaba de un obvio mal humor.

Posiblemente nunca se haya visto en la situación de Don. Quizá nunca haya sentido el horror de escuchar su nombre pronunciado por una voz burlona. Pero quizás haya tenido una pesadilla en la que era perseguido. Los pulmones le arden, las piernas se le resisten a avanzar y el miedo le domina. Cuanto más rápido corre, tanto más cerca siente los pasos detrás de usted hasta que al fin, gracias a Dios, se despierta.

En la antigua cultura del Cercano Oriente se practicaba una suerte de deporte que consistía en un corredor al que se trataba de cazar, solo que era algo real. La población estaba muy diseminada y los sistemas judiciales eran escasos. La gente guardaba la ley y el orden mediante un rudimentario sistema tribal de crimen y castigo. Si mataban a un miembro de su familia, los parientes llamaban a una reunión y designaban a alguien como «vengador de sangre».

La tarea era tan pavorosa como su nombre. Un vengador de sangre era un representante de la familia cuyo trabajo a tiempo completo era encontrar al asesino y liberar a su cuello del trabajo de tener que andar cargando la cabeza.

Cuando la familia se sentaba para escoger al vengador de sangre, no se llegaba y escogía al primero que se les ocurriera. Se escogía a alguien tan ágil como el primo Nick. Entonces Nick buscaría el lugar donde estaba el homicida y esperaría escondido hasta que apareciera. Luego, en el momento oportuno, saldría de su escondite, anunciaría que él era el vengador de sangre del familiar muerto e iniciaría su persecución.

Como cuestión de honor, el vengador de sangre perseguiría al homicida hasta que uno de los dos quedara en pie. Fuera que el homicida muriera, o que el vengador de sangre quedara tan agotado que le fuera físicamente imposible continuar la persecución. Pero el vengador de sangre, después de un período de descanso, podría continuar la persecución. La justicia final exigía que la familia recibiera pruebas de que el homicida había muerto, después de lo cual tenía lugar una celebración.

Es cierto que se trataba de un sistema un poco cruel, pero por lo menos mantenía vigente la ley. Sin embargo, el mayor problema con ese sistema era la circunstancia atenuante de un homicida accidental.

Vamos a decir que una mujer está apurada por llegar al mercado. Salta a su camello y parte. Una criatura de cinco años aparece de pronto delante del animal. Ella trata de detener la marcha. Lanza un grito de advertencia y tira de las riendas con todas sus fuerzas, pero la criatura es atropellada. Horrorizada, la mujer salta del camello y atiende al pequeño lo mejor que puede, pero es demasiado tarde. Ha muerto.

¿Y ahora qué va a ocurrir? La familia del niño muerto llama a una reunión y nombra a un vengador de sangre cuyas órdenes son claras: Persigue a esa mujer en el campo y agárrala cuando dé vuelta la espalda. Persíguela hasta que no pueda dar un paso más y luego mátala».

Me parece oírle decir: «Pero eso no es justo. Ella no mató al niño intencionalmente. Fue un accidente».

Por supuesto que fue un accidente. En realidad, en aquella época la justicia carecía de cierto grado de adelanto. Pero nadie sabía otra forma de cómo enfrentar el problema. Nadie, salvo

Dios. En el Antiguo Testamento, en libros como Deuteronomio, Números y Josué, Dios enfrenta el problema estableciendo «ciudades de refugio».

> Habla a los hijos de Israel y diles: Señalaos las ciudades de refugio, de las cuales yo os hablé por medio de Moisés, para que se acoja allí el homicida que matare a alguno por accidente y no a sabiendas; y os servirán de refugio contra el vengador de la sangre. Josué 20.2,3

Los israelitas hicieron tal como lo indicó Dios. Escogieron seis ciudades por su ubicación geográfica y el fácil acceso a ellas. Por todo Israel pusieron señales indicando el camino. Si alguien cometía un homicidio accidental, podía correr hasta la ciudad de refugio más cercana. Una vez adentro, estaba protegido contra la ira del vengador de sangre. La ciudad funcionaba como cárcel voluntaria del sospechoso hasta que se celebraba el juicio. Si durante el juicio aquella persona era hallada culpable de homicidio intencional, se entregaba al vengador de sangre. Pero si se determinaba que había sido un accidente, las autoridades locales ordenaban al vengador de sangre que volviera a su casa.

Las ciudades de refugio fueron planeadas desde el corazón mismo de Dios, y pintaban un hermoso cuadro de la preocupación que Dios tiene por nosotros. Integrado a la naturaleza y al carácter de Dios está el deseo de dar seguridad y refugio a personas que se sienten perseguidas y oprimidas.

■

Refúgiese aquí por un tiempo

En el Salmo 91.4 encontramos uno de los más hermosos cuadros de refugio espiritual: «Con tus alas te cubrirá». ¿Has visto alguna vez un grupo de pollitos corriendo por todos lados, piando, picoteando y haciendo ruido? Si la madre se da cuenta de la presencia de un depredador, ella no programa un seminario, ni planea una clase sobre defensa personal ni echa mano al audiocasete. Extiende sus alas, y en cuestión de segundos, todos sus pollitos desaparecen debajo de ellas.

Donde una vez hubo una amorosa gallina y un montón de inseparables pollitos, ahora el depredador no ve más que una malhumorada mamá que desafía al enemigo que se le quiera acercar. Y en la oscuridad bajo las alas, los pollitos se estarán diciendo los unos a los otros: «¿Viste qué dientes los de ese lobo?»

Por último, los pollitos tendrán que aprender a enfrentar el mundo real. Pero por el momento, no hay nada más agradable que el refugio de aquellas alas, las suaves plumas acariciando sus cabezas; el calor de la madre calmando sus temblores; los firmes latidos de su corazón alejando sus temores.

En la actualidad, Dios se deleita en extender sus alas protectoras y cubrir con ellas a sus hijos aterrorizados, fatigados, golpeados, rendidos. «Refúgiate aquí por un tiempo», dice Él. «Aléjate del peligro. Reagrúpate. Recupérate. Busca nuevas fuerzas».

Por supuesto que llegará el día en que Dios levantará suavemente sus alas y alentará a sus hijos a salir de nuevo al mundo, pero cuando esto ocurra, irán un poco más tranquilos, un poco más fuertes y un poco más confiados.

Mientras para algunos de ustedes esta quizá sea la mejor noticia que hayan oído jamás, otros tal vez digan: «¿Dios, mi refugio? ¡Tremenda cosa! Gracias, pero por ahora no necesito una ciudad de refugio. Todo me va de maravilla».

¿Quién lo necesita?

Para el noventa y nueve por ciento de los israelitas, las ciudades de refugio no querían decir mucho. Por supuesto que sabían que estaban allí en caso que alguna vez las necesitaran, pero la mayoría de ellos rara vez tuvo que usarlas. Sin embargo, para aquella señora que mató accidentalmente al niño de cinco años mientras se dirigía al mercado, la ciudad de refugio más cercana era el lugar más importante en todo el planeta. Disneylandia, París, Venecia, Palm Beach, ninguna de ellas podría ostentar la atracción y urgencia de Cades, Golán, Siquem, Hebrón y las otras ciudades de refugio.

Imagínate a aquella mujer inocente corriendo para salvar su vida. Por sobre su hombro ve que el vengador de sangre se acerca. Mide la distancia que la separa de las puertas de la ciudad de Cades y ruega que las piernas no le fallen. Siente los pasos del vengador de sangre más y más cerca. Pronto escucha hasta la respiración del hombre. Quizás hasta siente un fuerte golpe errático que está a punto de hacer blanco en la parte de atrás de su cuello.

Por último, en un esfuerzo desesperado, ella cae justo al lado de dentro de las puertas de la ciudad de refugio y el vengador de sangre se detiene. Ella mira esos ojos desorbitados. El hombre ve su rostro asustado. Ella contiene la respiración mientras él da media vuelta y se aleja. En ese momento, la mujer grita: «¡Gracias, Dios! ¡Estoy a salvo!»

¿Quién necesita una ciudad de refugio? Las personas oprimidas. Las personas cansadas. Las personas atemorizadas. Las personas enlutadas. Las personas preocupadas. Las personas frustradas. Las personas solitarias. Las personas quebrantadas. Las personas que han sido atacadas injustamente. El Salmo 9.9 promete: «Jehová será refugio del pobre. Refugio para el tiempo de angustia».

Si alguien oye tras sí pasos que se acercan, Dios abrirá sus magníficas puertas y le dirá: «Entra». Dios se deleita en dar refugio. Para Él, hacerlo no es un pasatiempo. No es un trabajo adicional ni algo en qué ocupar sus horas vacías. Por el contrario, es el corazón de cuanto hace y la esencia de lo que significa para Él ser nuestro Dios. Su amor irresistible e irracional por nosotros hace que sienta un profundo gozo al darnos refugio por un tiempo.

Por ahora quizá todo nos esté saliendo maravillosamente bien. ¿Pero puedo hacerle una sugerencia, producto de más de dos décadas en el ministerio? Si cree que toda su vida será un navegar apacible, está equivocado. Las probabilidades son abrumadoras en el sentido que entre este día y el día de su muerte, como nos ocurrirá a todos, tendrá más que angustias, dolores y adversidad. En ese momento entenderá su necesidad de un puerto seguro.

Puertos seguros

Cuando estaba empezando en la escuela de segunda enseñanza, mi padre y yo salimos a navegar por South Haven Harbor, en el lado de Michigan del lago Michigan. Después de más o menos una hora, mi padre me echó una mirada maliciosa.

«¿Qué te parece si solos tú y yo navegamos toda la noche para amanecer en Chicago?», me preguntó. Chicago estaba a unos cien kilómetros y hacer esa travesía parecía para un muchacho como yo la más divertida de las experiencias.

Con renovadas energías y entusiasmo orientamos nuestras velas hacia Chicago y nos preparamos para un viaje de toda la noche. Aproximadamente a medio camino, sin embargo, nos encontramos con una fuerte tormenta.

Yo había visto montones de tormentas antes, pero esta era diferente. El viento aullaba mientras las olas golpeaban furiosas contra el bote. Supe que estábamos realmente en problemas cuando mi papá amarró una cuerda alrededor de mi cintura.

«¿Para qué es esto?», le pregunté.

«Te estoy amarrando al bote», me dijo terminando de hacer el nudo. Luego amarró el otro extremo de la cuerda a una abrazadera.

Hicimos algunos ajustes a la navegación y yo me quedé en la popa, observando cómo el viento y la lluvia aporreaban el bote. Estuvimos así toda la noche, luchando contra las olas, tratando de leer correctamente las señales del viento, ajustando las velas y trabajando furiosamente para mantener nuestro curso.

Cuando empezaba a amanecer, pudimos finalmente ver las luces de Chicago. Eso dio nuevas fuerzas a nuestros agotados miembros mientras continuábamos luchando contra las olas y tratando de llevar el bote dentro del rompeolas.

Por último, alcanzamos los muelles exteriores y entramos al puerto. Una vez que amarramos el bote al muelle, miré hacia atrás a lago abierto y por primera vez en mi vida supe vívidamente de lo maravilloso y protector que un puerto podía ser. A unos trescientos metros de allí, la tormenta seguía arrojando su bilis sobre cada bote que trataba de navegar por las aguas del lago

Michigan. Pero en esta bahía protegida nosotros encontramos refugio, un lugar seguro contra la tormenta.

Nos sentimos a salvo, protegidos, seguros. Aquí, la tormenta no podía tocarnos. Podríamos recuperarnos, reorganizarnos, reparar algunas cosas que se habían dañado, tranquilizar nuestros sentidos, sabiendo que dentro de poco tendríamos que emprender nuestra navegación de regreso a South Haven.

Cuando golpea la adversidad, llega un tiempo en que la Biblia dice que busquemos rápidamente refugio. Los problemas podremos resolverlos más tarde. Nuestra necesidad inmediata es salir de la tormenta.

La Biblia dice que Dios es ese refugio.

Y si Dios se ofrece como nuestro refugio, ¿dónde están las puertas? ¿Cómo podremos entrar en esta ciudad?

■

Entrar en la ciudad de refugio

El primer paso de acceso al refugio que Dios proporciona suena tan extraordinariamente sencillo que muchas personas no captan su esplendor.

Llamado de Dios

Para entrar en el refugio de Dios, primero debemos decírselo a Dios. El Salmo 91.15 dice: «Me invocará, y yo le responderé; con Él estaré yo en la angustia; lo libraré y le glorificaré».

En cuanto a mí, no me puedo imaginar cómo resulta este asunto de invocar a Dios, pero da resultado. La Biblia nos dice que debemos caminar por fe, no por vista, y este es uno de esos tiempos en que no podemos entender por qué algo da resultado, solo podemos confiar en Dios y luego deleitarnos cuando lo experimentamos.

Durante siglos, los cristianos han derramado su corazón al Señor y han encontrado momentos inapreciables de refugio. Estas son noticias increíblemente buenas. No tenemos que ir a un mapa, calcular la distancia que hay hasta las ciudades de refugio y luego emprender el viaje. No tenemos que buscar un monasterio. No tenemos que llamar al pastor. No tenemos que esperar hasta el próximo culto. El asiento delantero de nuestro automóvil servirá magníficamente. La oficina, el hogar, el camión de la construcción, todo será tan bueno como la más exquisita catedral. Podemos entrar en el refugio de Dios en cualquier momento y donde quiera que estemos. Lo único que tenemos que hacer es reconocer nuestra necesidad, pasar de la autosuficiencia a la dependencia y pedirle a Dios que sea nuestro refugio secreto.

Recuerdo que algunos años después de la muerte de mi papá recibí una llamada de mi hermano: «Agárrate de la silla, Bill, porque tengo que decirte que hay muchas posibilidades que mamá tenga cáncer».

«Debes de estar bromeando», le dije. Pero estaba hablando en serio. Viajé a Kalamazoo tan pronto como pude. Después de una operación, supimos que el tumor de mamá era maligno.

Cinco hijos estaban de pie alrededor del lecho de esta señora de cien libras de peso y 4.11 pies. Estábamos atónitos, de alguna manera escépticos, y desconsolados. Ninguno de nosotros queríamos que nuestra madre pasara por esto, ni queríamos enfrentar la probabilidad de que muy pronto nos quedáramos sin ninguno de nuestros padres.

Todo había ocurrido tan rápido. Había estado viajando moderadamente durante semanas, quizás meses. Por supuesto que había habido tensiones; problemas, con «p» minúscula, pero nada que me indicara que tenía que clamar por un lugar donde esconderme, nada que me hiciera sentir que necesitaba encontrar un lugar de refugio.

El temor de perder al último de mis progenitores me provocó una nueva fuerza. Ahora, inesperadamente, necesitaba un refugio. Necesitaba un Dios que pudiera «esconderme» y ayudarme a enfrentar mis miedos.

Clamé, y Él estaba ahí. Abrió las puertas de su ciudad y entré. Durante un tiempo sentí su protección y cuidado. (Afortunadamente, el tumor fue extraído a tiempo y ella ha tenido una total recuperación.) No lo entiendo, pero mi experiencia es la misma de millones de creyentes a través del mundo y a lo largo de los siglos. Si simplemente clamamos a Dios en nuestra necesidad, Él responde y llega a ser refugio para nosotros.

Derramar el corazón

El siguiente paso para entrar en el refugio de Dios es liberarnos de todo aquello que nos está acongojando. El Salmo 62.8 dice: «Derramad delante de Él vuestro corazón; Dios es nuestro refugio». Curiosamente, el santo y seña que abre las puertas en el refugio de Dios son las palabras de angustia que brotan de nuestro corazón cuando finalmente decidimos confiar en Él. Esto ocurre cuando le decimos cuán mal estamos y cuán cerca del borde nos encontramos. De alguna manera, en medio de este paso de fe, las puertas se abren y las alas de Dios se extienden.

Una de las personas que tuvo que aprender esta lección fue Jeremías, el profeta del Antiguo Testamento. Dios llamó a Jeremías a hablar verdad en un ambiente hostil. Esto no era para nada un trabajo divertido. No era como hablar de la fe en las playas de Hawai. Esto era como la clase de tarea que nos manda a predicarles a los fundamentalistas islámicos en el Oriente Medio y que, cuando la recibimos, preguntamos: «¿Estás seguro, Dios?»

Imagínase si fuera un árbitro en un partido de fútbol profesional y en el último juego tuviera que decirle a la multitud dueña de casa que la jugada ganadora del último segundo quedaba invalidada por una falta. Probablemente querría que alguien le prestara uno de los escudos protectores de los jugadores, ¿verdad? Esa era la situación de Jeremías cuando dio el mensaje que Dios le había entregado para que diera. Sencillamente la gente no quería oír lo que Dios quería decir por intermedio de él. Trataron de hacer callar a Jeremías y cuando no lo consiguieron, lo golpearon y lo pusieron en un cepo en frente de la puerta pública de la ciudad. Así humillado, Jeremías fue obligado a esperar mientras los crueles valientes de sus días salían a vilipendiarlo y a hacer chistes a sus expensas.

Jeremías se sentía tan agotado por toda esta resistencia y hostilidad que finalmente se lamentó: «Cada día he sido escarnecido, cada cual se burla de mí ... porque la palabra de Jehová me ha sido para afrenta y escarnio cada día» (Jeremías 20.7,8). Y sigue malhumorado. «Maldito el día en que nací; el día en que mi madre me dio a luz no sea bendito. Maldito el hombre que dio nuevas a mi padre, diciendo: Hijo varón te ha nacido, haciéndole alegrarse así mucho» (Jeremías 20.14,15).

Cuando usted dice palabras como estas es porque se encuentra en el punto más bajo. Jeremías está diciendo: «¡Odio mi cumpleaños, e incluso odio al tipo que repartió regalos anunciando mi nacimiento!»

Pero eso no es todo. Mira lo que ocurre en medio de esta oración caótica y sin revisar. Jeremías se detiene para decir: «Mas Jehová está conmigo como poderoso gigante ... Cantad a Jehová, load a Jehová; porque ha librado el alma del pobre de mano de los malignos» (Jeremías 20.11,13).

Esta oración muestra la recuperación de Jeremías. «Un momento, señores. Todavía estoy vivo. Y en este momento de alguna manera milagrosa, todavía me siento protegido».

Su amigo aquí es el desaliento. Nada extinguirá mejor su experiencia del amor de Dios que la falsa piedad y el falso heroísmo. Échelos de su vida. Derrame su corazón a Dios y dígale cómo se siente. Sea veraz, sea sincero, y cuando haya dicho todo empezará a sentir la eficaz protección de la presencia consoladora de Dios. Es posible que las huellas detrás de usted no cesen, pero van a ser más y más débiles. La oposición le va a parecer menos intensa. Sus piernas y su espíritu los va a sentir un poco más fuerte. El cielo le va a parecer un poco más azul.

Quizá no sepa *cómo* vendrá Dios en su ayuda pero de alguna manera, sabe que Él *vendrá*. Quizá siga siendo un misterio cuál será la vía de escape, pero no tendrá duda sobre quién la creará: su constante y dedicado compañero, su Dios.

Si nunca se ha encontrado escondido bajo las alas de Dios, no sabe lo que se ha perdido. Y la mejor parte de esto es que Dios está de acuerdo en que estemos allí por algún tiempo. No creo en absoluto que Él quiera mandarnos de nuevo al mundo antes de tiempo. En casos extremos de angustia, creo que incluso Dios nos ayudará a orientar nuestra vida, nuestros planes y nuestras actividades para pasar más tiempo con Él. En tal tiempo, es posible que nuestro programa incluya amigos de verdad y largos períodos de momentos ininterrumpidos en lugares seguros hasta que nos sanemos y nos recuperemos y obtengamos suficiente fuerza para volver a la vida rutinaria.

Si está pensando en tener permiso para esta clase de «descanso», fíjese en la vida de Jesús. Nadie antes o desde entonces ha enfrentado las responsabilidades, cargas y presiones que cargó Jesús. Hubo ocasiones en que, con unos cuantos discípulos pasó un día y una noche enteros retirado en un lugar seguro: un bote, un lugar alejado de una montaña, un lugar apartado en el desierto. Y allí, Jesús pudo entrar en el refugio que su Padre había preparado para Él. Rodeado por gente segura, pudo echar sus angustias sobre un Dios que oyó el santo y seña y lo cubrió con sus alas.

En ese lugar de refugio Jesús pudo recuperarse, restaurar sus fuerzas y sentido de propósito y quedar en condiciones de volver al mundo para trabajar con todas sus fuerzas reclamándolo para el amor del Padre.

Me quedan todavía mejores noticias para usted. Aunque la ciudad de refugio de Dios es una experiencia increíble sobre la tierra, Dios tiene algo aun mejor en mente.

■

La última ciudad de refugio

La Biblia enseña que hay una ciudad eterna de refugio que nos espera a todos nosotros, sus hijos. En esta ciudad, llamada cielo, nunca más volverá a oír pasos que le persiguen. Allí no encontrará terroristas de doce años llamados Phil. Ni vengadores de sangre podrán pasar por la puerta.

Incluso los demonios internos: angustia, soledad, dolores, incomprensiones, frustraciones no traspasarán los límites de la ciudad. El daño que se nos hizo en la tierra nunca volverá a manifestarse en aquella ciudad segura. Podemos relajarnos, podemos descansar y aunque a algunos nos cuesta imaginárnosla, podemos prepararnos para sentirnos confiados y seguros por toda la eternidad. Nunca más amenazas, nunca más preocupaciones, nunca más miedos. Todo aquello habrá quedado atrás.

Esta última ciudad de refugio está abierta a quien quiera entrar a ella por medio de la persona de Jesucristo. Y en este mismo momento, si se siente indigno, quiero pedirle que se decida a confiar en Cristo y entrar. Venga a refugiarse bajo sus alas, escóndase en Dios por un tiempo y deje que Él le explique con lujo de detalles su eterna ciudad de refugio donde se va a sentir confiado y seguro para siempre.

Este es el lugar que usted sabe que necesita visitar. Este es el Protector que siempre ha buscado. Esa es la verdad que puede darle fuerzas, valor y decisión para enfrentar otro día de vida. Ese Dios de refugio es el Dios que le salvará de los Phil de este mundo, de los vengadores de sangre y de todos los que amenacen con quitarle la vida.

Y aun más que eso, este es el Dios que en realidad busca.

6

¿Busca a un Dios...

QUE SEA JUSTO?

■

Era un sábado glorioso. Nuestro equipo local había enfrentado a su más duro oponente, ¡y los habíamos derrotado! Estábamos embarrados, teníamos unas pocas magulladuras y algunos músculos adoloridos que por los próximos días nos harían recordar nuestro esfuerzo. Pero a medida que nos quitábamos las camisetas, los protectores de las rodillas e intercambiábamos alegres golpes con ambas palmas extendidas, la testosterona fluía, la amistad se reanimaba y nosotros nos sentíamos tremendos. Era un hermoso comienzo de fin de semana.

Y entonces llegó el domingo.

En la iglesia todo bien, pero por la tarde decidí ver a los Cachorros de Chicago y entonces, mi fin de semana vino abajo rápidamente. Los Cachorros se dejaron aporrear vergonzosamente a través de la televisión de todo el país por los Seahawks de Seattle. Seattle es una hermosa ciudad, pero aquel año tenían un horrible equipo de fútbol. Aun así, Chicago los hizo aparecer como los aspirantes a ganar un Super Bowl.

Después que un jugador nuestro falló por décima vez en tomar un pase, golpeé el suelo con mis pies y le grité al televisor:

«¡Yo podría hacerlo mejor!» recordando nuestra victoria del día anterior. «¿Cómo no puedes tomar un pase de apenas cinco yardas? ¡Denme un uniforme! ¡Les mostraré qué hacer con el balón!»

Bueno, por ese entonces yo era el capellán de los Cachorros. A la semana siguiente, mientras visitaba su sede salí al campo de juego y choqué con una montaña vistiendo una camiseta de práctica de los Cachorros. Lo miré a la altura del ombligo y pensé: *No me gustaría estar ni cerca de su ombligo.* Y entonces otro pensamiento vino a mi mente: *¿Cómo me sentiría yo estando agachado enfrente del dueño de ese ombligo, luchando por mantener una posición de tres puntos y oírle gruñirme: «Bien, Hybels, prepárate porque tú vas a ser mi próximo desayuno»?*

Recordé mi comentario del domingo anterior: «¡Denme un uniforme! Yo podría hacerlo mejor» y me di cuenta de que la mayoría de esos jugadores me podrían hacer papilla sin que les corriera una gota de sudor.

Entonces otro jugador llegó por detrás y me puso el brazo en el hombro. Sentí como si el tronco de un árbol hubiera caído sobre mí. «¿Qué tal, Bill?»

«Bien, hasta que dislocaste mi hombro».

En un instante, la realidad se vengó de mí. Todavía con el sabor de nuestra propia victoria en la boca, había empezado a fantasear sobre mi capacidad para integrar la NFL (*National Football League*). Cuando entré en los cuartos de los Cachorros volví bruscamente a la realidad. Dudo que el entrenador del equipo hubiera podido encontrar un par de almohadillas para los hombros que se acomodaran a mi tamaño.

Como pastor, con frecuencia oigo a la gente cometer el mismo error con Dios y su justicia. Suelen decir: «Lo admito. He pecado algunas veces. Sí, he tenido algunos deslices. No he vivido de acuerdo con toda mi potencialidad moral, pero estoy seguro de que puedo arreglármelas con el contrincante. Estoy seguro de que, al medirme, quedaría por el medio del grupo».

Nos comparamos con los políticos, con los violadores y los asesinos de Chicago y parecemos santos al lado de ellos; pero nos estamos midiendo con la vara equivocada porque ni nos imaginamos cuán santa, cuán justa y cuán alta es la medida de Dios. Cuando entramos en la ardiente presencia de Dios, mi experiencia al entrar en los cuartos de los Cachorros de Chicago se magnifica un millón de veces. Medimos nuestra santidad por la medida de la liga de la iglesia, pero esa medida no está ni cerca con la medida del cielo.

La justicia —la verdadera, la que nace de Dios, la que respira Dios, la justicia que da Dios— es absolutamente mal entendida por la cultura de nuestra época. De todas las cosas que no logramos entender acerca de Dios y su identidad, esta quizá sea la peor.

■

Nuestro Dios justo

Tantos pasajes bíblicos se refieren a Dios como justo, que se podría jugar a la ruleta bíblica y siempre saldría uno. Veamos tres de ellos:

- «Porque Jehová es justo, y ama la justicia; el hombre recto mirará su rostro» (Salmo 11.7).

  En pocas palabras, el salmista está diciendo que Dios no es un deshonesto juez de pueblo; que no acepta sobrecitos de manila y que sus bolsillos son de tamaño normal. Nunca nadie lo hará cambiar su forma de aplicar justicia.
- «Justo eres tú, oh Jehová, y rectos tus juicios» (Salmo 119.137).

  Dios es intrínsecamente justo. La justicia no solo define a Dios, sino que Dios define la justicia. Él mismo es la medida. Todas sus leyes son leyes justas; no hay una sola que sea injusta.
- «Su justicia permanece para siempre» (Salmo 111.3).

  Dios no es un Dios cuya justicia es ondulante. Él no es un día justo y al siguiente injusto. Su justicia permanecerá para siempre.

Cada decisión que Dios toma es una decisión buena y correcta, por lo cual podemos estar seguros de que cada decisión que Dios tome acerca de nosotros será una decisión justa. Quizá no nos guste el juicio, pero nunca podremos discutir su rectitud.

Además, cada ley que Dios ha emitido es una ley justa. Dios no se deja impresionar por el color de la piel, por el tamaño de la oficina o por el monto de nuestros diezmos. Sus leyes son parejas y se aplican a todos. En Él no hay discriminación. Siempre, justicia perfecta. Cada ley nos protege de infligirnos daño, de causar daño a otros o que otros nos causen daño, o de dilapidar nuestra vida y nuestra eternidad. Cada una emana de un corazón esencialmente justo y aplica las mismas normas sin que importe género, edad, afiliación religiosa o herencia.

Es debido a la inmanente justicia de Dios que hemos desarrollado nuestro agudo sentido de juego limpio. Aun los niños pequeños se molestan al ver la más mínima injusticia. El mundo no tiene a un padre como lo tiene un niño a quien se le puede acusar con las palabras: «¡Pero eso no es justo!». Es ridículo que a Dios se le acuse de lo mismo. En realidad es admirable cuán justo realmente es Dios.

En su naturaleza, sus acciones hacia nosotros, sus leyes y en su historia, Dios ha probado ser un Dios justo. Esa justicia tiene la potencialidad para revolucionar completamente nuestro mundo.

■

Una revolución justa

Hace poco mis viajes me llevaron al centro de la ciudad de Nueva York. Vagando por las calles, me pareció estar en otro planeta.

En Chicago, si usted quiere entrar en una tienda, compra, paga y sale. En la sección de Nueva York donde se me ocurrió comprar, usted llega a la puerta, toca un timbre, un guardia armado lo revisa para ver si lo puede dejar entrar. Camina por la tienda, consciente que a unos tres metros detrás un hombre con un arma cargada lo vigila para asegurarse de que se está portando bien. Cuando sale a la calle de nuevo, sus oídos se sobresaltan al oír otra sirena. Sus ojos ven con tristeza a tantos desamparados que deambulan sin rumbo en medio de una futilidad sin sentido. Automóviles inservibles llenan los lados de muchas calles. Y se hace evidente que la ciudad de Nueva York no es la capital de la justicia en el mundo.

Una noche entré a un restaurante y pensé: *¿Qué ocurriría si en Nueva York hubiera una revolución de justicia?* Era tarde en la noche, yo estaba lejos de casa, de modo que tenía tiempo de jugar un poco con mis pensamientos. ¿Y si esa revolución se extendiera un poco más allá? ¿A Chicago, por ejemplo? ¿O a Los Ángeles?

¿Cómo sería vivir en una ciudad justa, o en una nación justa, o en un mundo justo? ¿Sin corrupción en el gobierno, sin despidos laborales ni partidas preferenciales, sin crímenes ni violencia? Las mujeres podrían caminar a medianoche por las calles y se sentirían seguras como al mediodía. No habría que cerrar las puertas con llave (¡ni se nos perderían las llaves del auto!), no habría abusos, ni homicidios ni robos.

Todavía quise llevar mis pensamientos un poco más lejos: «¿Qué pasaría si pudiéramos ser parte de una familia justa?» Mi imaginación seguía fantaseando. «¿Y si fuéramos miembros de una iglesia justa? Nada de bocinazos molestos en el estacionamiento. El coro cantaría en total armonía y el sermón terminaría siempre a la hora justa».

Tal vez está pensando: «¡Qué interesante!... ¿pero no cree que la vida así sería un poquito aburrida?» Por supuesto que no. Lo que sucede es que la justicia es un concepto tan extraño para nosotros que difícilmente podemos apreciar cuán divertido sería vivir en un mundo justo. El cristianismo dice que nosotros fuimos creados por un Dios justo para desarrollarnos y regocijarnos en un ambiente justo. En otras palabras, Dios nos ha «formado» de tal manera que cuanto más justos seamos tanto más disfrutaremos de la vida.

Si no, mire este ejemplo. Hace algunos meses fui a jugar golf con un amigo. (En realidad, él casi me obligó.) Él se alineo en la posición correcta, empuñó el bastón bien, y le dio el golpe precisó. Yo hice todo lo contrario. Me alineé mal, tomé el bastón mal y el golpe que le di a la bola fue un desastre. Por el cuarto hoyo, ya yo no quería seguir. Por el sexto, abominaba del golf. Por el noveno, pensé seriamente en tomar el carrito y conducirlo directo al lago para terminar con esa desgracia. Miraba a mi amigo, y él se veía como si nunca hubiera disfrutado tanto de la vida.

¿Dónde estaba la diferencia? Él estaba jugando el mismo juego que yo, pero él estaba jugando bien y, por lo tanto, disfrutando. En cambio, yo, estaba jugando equivocadamente y odiaba cada minuto que pasaba.

Lo que hace más entretenida la competencia es cuando todo parece ir bien, algo que rara vez experimento cuando juego golf aunque de cuando en cuando disfruto cuando navego.

Hacer las cosas bien

Como se habrá imaginado ya, mi deporte favorito es la carrera de veleros. Durante el verano de 1994 mi equipo llegó a la última de cinco carreras de una regata clave. Todo quedaba sujeto a lo que pasara en ese momento. Si la ganábamos, nuestro bote ganaría la regata entera. Si perdíamos, bueno... ya usted sabe.

Antes que comenzara la carrera, le di a mi equipo una breve charla de aliento para evitar que eso no ocurriera. «Muchachos», les dije, «si hicimos todo bien hasta ahora, hagámoslo bien de nuevo».

Todos movieron la cabeza asintiendo, así que empezamos a trazar nuestra estrategia. No era el momento de suponer o «esperar» que las cosas nos salieran favorablemente. Sabíamos navegar. Conocíamos el bote. Conocíamos el lago. Así que teníamos que navegar en la forma que sabíamos hacerlo, sin dejar nada al azar.

Resolvimos todo, y nos dispusimos a partir. La salida estuvo bien. Viramos y tomamos el curso que queríamos seguir. Leímos correctamente la tendencia del viento. Levamos la vela grande y le dimos la posición correcta. Desarrollamos toda la estrategia bien. *Y ganamos.* Durante unas dos horas y media, experimenté las estimulantes alturas de haber hecho las cosas bien.

Volvimos al club y las tripulaciones de los otros botes se nos acercaron y nos dijeron: «Hicieron un trabajo perfecto hoy ¿eh? Fue lindo ver cómo navegaban. Nada les salió mal».

Pero solo fuimos capaces de mantener la «rectitud» por un corto período de dos horas y media. Cuanto más largas eran las competiciones tanto menos probable nos parecía hacer todo bien. Pero nunca disfrutaremos tanto como cuando hicimos todo como se suponía que tenía que hacerse.

Las leyes de Dios producirán una sociedad y un carácter que a fin de cuentas todos queremos que se produzcan. Si permitimos a Dios que lleve a cabo su plan en nuestra vida, la gente con el tiempo se acercará a nosotros y nos dirá: «Hiciste un trabajo perfecto hoy. Es lindo ver cómo vives. Todo te sale bien». Y lo dirían sinceramente.

Por esto es que David dice: «Y me regocijaré en tus mandamientos, los cuales he amado» (Salmo 119.47).

¿Dejará que comience hoy en usted una revolución de justicia? ¿Estará dispuesto a servir como «agente de propagación» de la justicia? Quizá no sea tan difícil como cree. Tenemos un modelo que nos inspire: nuestro Dios justo.

La justicia de Dios es la base sobre la cual se levanta nuestro propio sentido de justicia. Esto lo sugerimos en el capítulo uno cuando hicimos referencia a un código moral universal.

Ultraje

¿Por qué nos dan náuseas cuando oímos de hombres que golpean a sus esposas? ¿Y por qué nos sentimos ultrajados cuando oímos de niños que han sido violados? ¿Por qué nos ponemos furiosos cuando oímos de alguien que le roba los ahorros a los ancianos? ¿Por qué? Porque Dios ha puesto un código moral en nuestra alma.

Cuando estaba en Nueva York, vi a un portero agarrando fuertemente a una anciana. Su ropa andrajosa, su pelo descuidado y su rostro maltratado por los rigores del clima hablaban claro que se trataba de una «desamparada». Era difícil imaginarse que la viejecita pudiera constituir una amenaza para nadie. A los ojos del portero, sin embargo, ella era un estorbo, pero de ninguna manera una amenaza. Pero el portero la empujó de tal manera que casi la hizo rodar por el suelo.

«Esta es la última vez que quiero verte por aquí», le gritó. Nadie que hubiera estado mirando habría dudado de las intenciones del hombre.

Pensé: *Hace mucho tiempo esta mujer fue una niñita. Es posible que hoy sea madre, o quizás abuelita. He aquí una mujer en el crepúsculo de sus días, cuya vida interesa a Dios pero que es echada afuera, al frío.* Y luego me dije: *¡Mal hecho! ¡Muy mal hecho!*

Si yo me siento así, imagínese qué puede pasar por la mente y el corazón de un Dios intrínsecamente justo.

Durante ese mismo viaje a Nueva York, hablé con un líder cristiano de la costa este. Me llevó a un lado y me dijo: «Dame solo un par de minutos. Alguien de nuestra iglesia abusó sexualmente de mi hija».

Me llené de indignación hasta el punto que casi no me pude contener. Aun así, mi reacción no tiene comparación con lo que debe de haber tenido lugar en el corazón de un Dios intrínsicamente justo que se asquea de tanta maldad.

Porque Dios es justo no mira desapasionadamente la injusticia. Él la odia. No podría imaginarse cuánto desea Dios traer una revolución de justicia a este mundo. Él quiere poner todo bien: a todos y a todo. Y lo quiere porque nos ama y sabe que fuimos hechos para vivir en justicia.

Aun así, Dios no es un pillo. Él no va a venir y robarnos nuestra libre voluntad. No nos va a dominar. No nos va a arrebatar el control de nuestra vida y reprogramarnos para transformarnos en autómatas.

En lugar de eso, Él se aflige si nos mentimos en un intento vano por explicar nuestra injusticia. Usamos la proyección: «Realmente la falta no la cometí yo, sino fulano de tal». «Eva me dio del fruto, ¿qué se supone que yo haría?» Usamos la racionalización: «Yo iba a 110 en una zona de 100 kilómetros por hora. A la velocidad que andan estos camiones necesito correr como ellos para proteger la vida de mi esposa y la de mis hijos». Usamos la comparación: «Si piensas que bebo demasiado, debieras pasar una noche con Frank». Usamos la supresión, sacando de nuestra mente el sentido de culpa tan pronto como entra. Usamos la distracción, llenando nuestra vida de ruidos y actividades para evitar tener tiempo para pensar. Usamos el escapismo: una píldora, un trago, una dosis de droga, el juego, cualquier cosa que mantenga fluyendo la adrenalina.

Nada de eso da resultado. Todos esos recursos terminarán por fallar dejándonos exhaustos, derrotados, y con una sensación de ser unos desdichados. (En otras palabras, nos dejan como cuando fui a jugar golf.)

Dentro de este mundo, Dios quiere iniciar una revolución de justicia, una revolución que parta desde el corazón de sus hijos. ¿Qué se requiere para que tal revolución comience? El primer paso es restablecer las normas de justicia de Dios.

¡Empezar a mirar hacia arriba!

Según William Kilpatrick, profesor del Boston College, por unos dieciocho siglos el mundo occidental fue bastante apegado a las normas de moralidad y virtud. En su libro *Why Johnny Doesn't Know Right from Wrong* [Por qué Juanito no sabe distinguir entre lo bueno y lo malo], el doctor Kilpatrick dice que cuando la gente quería saber qué era bueno y qué era malo, miraba hacia *arriba*. Aceptaban que Dios es un Dios justo y que sus leyes justas deben gobernar nuestra conducta.

Claro, tal consenso no garantiza acatamiento. No significa que no hubiera personas que se empeñaran en quebrantar las leyes. Pero todavía se aceptaba el hecho de que existían leyes trascendentes y justas y que Dios había sido el autor de esas leyes. Y la mayoría de la gente también creía que la sociedad sería mejor si aquellas leyes eran respetadas en lugar de rechazadas.

Por la mitad del siglo dieciocho, Kilpatrick anota, surgieron algunas teorías alternativas. El filósofo Emmanuel Kant dio origen al *racionalismo* alegando que «Si usted quiere conocer la diferencia entre lo bueno y lo malo no tiene que mirar hacia arriba porque nosotros somos inteligentes. Solo se requiere usar la pura razón humana. Si usted se sienta y piensa, si lo contempla, si medita en él e incuba el problema en su mente, podrá determinar lo que es bueno y lo que es malo para usted».[1]

Luego vino el filósofo suizo, Jean-Jacques Rousseau. Mientras Kant dijo «Mira tu mente», Rousseau dijo «Mira a tu corazón». Ese es el *romanticismo*. El vio el corazón humano como una flor hermosa y desarrollada y creía que la gente era naturalmente buena y sería mejor si seguía los impulsos del corazón, así que animaba a la gente en una disyuntiva moral a que hiciera lo que le indicara el corazón.

Por último vino Federico Nietzsche y dijo: «No miren arriba, miren su voluntad. Simplemente muestren poder. Tomen control de su vida. Decidan lo que quieren hacer, cómo quieren expresar su energía, y háganlo».[2] Con mis disculpas a Nike *Just do it* [Solo hazlo] el desastre del planteamiento de Nietzsche se hizo más evidente cuando un joven político alemán llamado Adolfo Hitler actuó sobre estos criterios. La voluntad de Hitler dictaba que era malo que los judíos vivieran y actuó en consecuencia.

Irónicamente, los historiadores denominan al reino de 150 años de las filosofías de Kant, Rousseau y Nietzsche «el siglo de las luces». Kilpatrick llama al tiempo desde ese período (que termina a mediados de este siglo) «el oscurecimiento». Y usa esta etiqueta para referirse al oscurecimiento del alma humana, citando todas las tambaleantes y depresivas estadísticas que usted y yo conocemos muy bien: divorcios en espiral, crímenes, suicidios y así por el estilo. Según Kilpatrick, a menos que paremos de hacer dioses con nuestra mente, nuestro corazón y nuestra voluntad, y usemos esos tres elementos para mirar hacia arriba, a menos que restablezcamos las normas de la justicia de Dios como la prueba final de lo que realmente es bueno y es malo, *estamos condenados*.[3]

---

1. Citado por William Kilpatrick *Why Johnny Doesn't Know Right From Wrong* [¿Por qué Juanito no sabe distinguir lo bueno de lo malo?], Touchstone Books, New York, 1993.
2. *Ibid.*
3. *Ibid.*

Mirando hacia adentro no nos hace un mundo más justo, y las injusticias claramente no nos hacen personas más felices. El hecho es que la justicia de Dios ha resistido a Kant y a Rousseau y a Nietzsche y a quien sea más. Está claro que una revolución de justicia no va a nacer de una nueva filosofía. En lugar de eso, las personas tienen que ser liberadas una a una del poder esclavizante de la injusticia.

Romper las cadenas de injusticia

Hace algunos años empecé a reunirme con un joven que buscaba las cosas espirituales. Pasamos varias sesiones trabajando sobre la existencia de Dios, las razones para tener fe y todas las cosas que decía que le impedían transformarse en un discípulo de Cristo. Después de varios meses me di cuenta de que no había un solo argumento que pudiera convencerlo para que aceptara a Cristo. Estuvimos de acuerdo en que no tenía sentido seguir nuestras discusiones. Pensé que nunca más volvería a verlo.

Unos cuantos años después, este joven me saludó al final de un culto dominical. Me dio la mano con una energía extraordinaria y me dijo que había aceptado a Cristo como su Salvador. Por supuesto que aquello me sorprendió, pues había sido muy cerrado; pero mi joven amigo me explicó: «Cuando nos reuníamos, todos sus argumentos me parecían sensatos, pero al mismo tiempo estaba viviendo con mi novia y sabía que si me hacía cristiano tendría que dejar de acostarme con ella. Así que no quise llegar a eso y no hubo nada que usted pudiera haber dicho para cambiar esa situación».

Este joven sabía que el cristianismo es verdad. Sabía que el cristianismo tiene razón. Aceptaba el hecho de que Dios es justo en su demanda de obediencia, pero su esclavitud a la injusticia le impedía hacer lo que en realidad quería. Los argumentos intelectuales eran solo un subterfugio para proteger su inmoralidad.

Romanos 6.17-18 nos enseña: «Pero gracias a Dios, que aunque erais esclavos del pecado, habéis obedecido de corazón ... y libertados del pecado, vinisteis a ser siervos de la justicia». En los días en que se escribieron estas palabras, la esclavitud era algo común, de modo que el apóstol Pablo usa esa analogía para señalar esta verdad. Él está diciendo: «Todos son esclavos: de Dios o de su pecado. No se engañen. Ustedes son adictos a la injusticia y no pueden liberarse por sus propias fuerzas».

¿Has estado alguna vez en una feria donde hayan estado ofreciendo viajes en globos aerostáticos? El globo es inflado mediante el calor de un quemador, pero no sube demasiado al cielo porque está amarrado a una estaca. Todos estamos atados a la estaca de nuestro propio pecado. Hasta que la cuerda se corte por un poder ajeno a nosotros, no vamos a ascender muy alto. Tenemos que someternos a las normas de la justicia de Dios; pero sin su poder, no podremos vivir conforme a ellas.

Cuando comenzábamos la Willow Creek Community Church, un abogado no creyente que nos había ayudado con algunos de los trámites, me llevó a un lado y me dijo: «Bill, porque lo aprecio, tengo que advertirle de algo. Usted es un joven idealista. Va a comenzar esta iglesia y es obvio que cree que van a transformarse las vidas.

»He sido abogado durante veinte años y déjeme decirle algo: la gente no cambia. Los adúlteros siguen cometiendo adulterio. Los codiciosos siguen siendo codiciosos. La gente de mal genio se pone cada vez más violenta. Los que están fuera de control siguen estando fuera de control. Si usted espera algún cambio fundamental en la vida de las personas, no va a experimentar otra cosa que angustias».

Veinte años después, puedo decir que este hombre tenía razón y no la tenía. Sin la participación del poder de Dios, él estaba absolutamente en lo cierto. Me he encontrado con muchas personas con aspiraciones de cambiar su vida «cualquier día», pero siguen siendo tan testarudos, lujuriosos, hambrientos de poder y materialistas como siempre lo han sido. Sin Cristo en su vida, en realidad se han desviado hacia altos grados de injusticia. Así es, precisamente, la naturaleza humana.

Pero también he visto personas entregando su vida a Cristo y sometiéndose a un Dios justo y viendo cómo su vida cambia y mejora de forma radical. Nunca alcanzaron la perfección, pero por lo menos lo intentaron, y el resultado final fue dejar de ser las radicales personas egoístas y vanidosas que habían sido.

El apóstol Pablo dice: «Y libertados del pecado, vinisteis a ser siervos de la justicia» (Romanos 6.18). ¿Sabes que la amarra mantiene su globo de aire caliente atado a la tierra? ¡Pero se puede cortar! Y si da su vida a Cristo se puede ver lanzado dentro la justicia de Dios.

Entonces, tenemos que mirar hacia arriba a Dios para saber distinguir entre lo bueno y lo malo. Tenemos que romper nuestras cadenas naturales de injusticia al entregar nuestra vida a Cristo. Y finalmente, necesitamos matricularnos en la escuela de justicia.

Matrícula en la escuela de justicia

Hace poco desperté una mañana de insoportable humor. No tenía ninguna razón para sentirme así, pero lo estaba. Salí hacia el garaje y tropecé con los zapatos de los niños. Les he dicho centenares de veces: «Pongan sus zapatos en el clóset y así nadie tropezará con ellos».

Ellos lo olvidan. Además de olvidadizos son también injustos. Frustrado, pateé los zapatos fuera de mi camino, mandando a nuestro pequeño perro a esconderse en un rincón. Gimiendo, me echó una mirada como diciendo: «Mejor me largo porque hoy Bill se ve peligroso».

Mientras me dirigía a la iglesia, iba pensando: *El perro tiene razón. Hoy soy un peligro*. Tuve una recaída en la injusticia. Así que me acordé de una lección que había aprendido tiempo atrás: «Cuando te des cuenta de que eres peligroso, cuando la injusticia empiece a parecerte algo bueno, es mejor que hagas algo».

Entré en mi oficina, tomé mi libreta de notas y comencé a escribir: «Querido Dios, estoy peligroso. Mi perro me lo dijo. Era tan evidente. No tienes que ser humano para darte cuenta. Lo triste es que no sé por qué estoy así; lo que sí sé es que a menos que algo cambie en mí, hoy no voy a estar ni muy amistoso ni muy amoroso en mis relaciones con los demás. Si la gente me presiona aunque sea un poquito —y lo harán, sin duda— van a tener problemas. No quiero sentirme así. Quiero ser justo. Quiero amar a todos».

Terminé de escribir, tomé la Biblia y leí 1 Corintios 13, el bien conocido capítulo del amor que a menudo se lee en las ceremonias de bodas. Estaba recordando que la medida central por la cual se evaluará nuestra vida, es el amor. Dejé por un rato que las Escrituras hicieran su efecto en mí y luego caí sobre mis rodillas y oré. *Dios, no quiero vivir hoy injustamente. No quiero causar alguna herida a nadie. No quiero decir cosas de las cuales tenga que arrepentirme.*

Seguía preocupado cuando llamó un amigo.

—Estoy un poco complicado hoy —le dije.

—¿Por qué? —me preguntó.

—Todavía no sé, pero por favor no me sigas preguntando, ¿está bien?

—Está bien, está bien —me contestó.

Con pruebas frescas de que realmente tenía un problema de actitud, mi amigo solo me habló. Poco a poco, gracias a la disciplina espiritual y a los hábitos de ceder, escribir, orar, leer la Biblia y practicar el compañerismo, empecé a hacer algunos ajustes. No iba a permitirme tener un solo día malo.

Al mediodía ya no estaba tan peligroso. Y por la noche, había vuelto a la normalidad.

El punto es este: Reincidimos tan fácilmente en lo malo que a menos que nos comprometamos a hábitos y relaciones que nos ayuden a vivir rectamente, sin duda que volveremos a caer.

Primera Timoteo 6.11 nos dice que «sigamos la justicia». No dice: «Déjala que ande por ahí hasta que se te presente». Tenemos que seguirla. Primera Timoteo 4.7 lo dice de una manera diferente: «Ejercítate para la piedad».

Permítame cerrar este capítulo con este pensamiento. Solo imagine la oportunidad que está delante de usted porque sirve a un Dios justo. Algunos de ustedes han hecho ya una tercera parte de su vida. Algunos quizá vayan por la mitad y otros quizá ya tengan tres cuartas partes del camino hecho. ¿Por qué no hace que el resto de sus días sea más justo? ¿Por qué no actúa con justicia en su matrimonio? ¿Por qué no actúa con justicia en su trabajo? ¿Por qué no cría a sus hijos con justicia?

Muy en nuestro corazón, nosotros queremos ser personas justas y queremos conocer a un Dios justo. No queremos un Dios que sea caprichoso, de quien no se pueda esperar que haga lo correcto. Afortunadamente, el Dios que usted que busca es un Dios intrínsecamente justo y así lo será para siempre. Con su ejemplo y sus fuerzas, podemos participar de esa justicia.

7

¿Busca a un Dios...

QUE SEA SIEMPRE MISERICORDIOSO?

■

—Bill, creo que lo vamos a conseguir. Creo que vamos a poder construir en nuestros noventa acres.

Quig era (y sigue siendo) un miembro clave de la junta que en los albores de Willow Creek invirtió centenares de horas trabajando con los abogados y los varios municipios alrededor de South Barrington para lograr que nos dieran los permisos de construcción para el edificio de nuestra iglesia. Por último, después de meses de ir y venir y responder preguntas, parecía que las autoridades nos darían el visto bueno.

—Hay solo un problema —me advirtió Quig—, las autoridades del lugar están algo preocupadas ante la posibilidad de que se creen condiciones para la presencia de una multitud que podría provocar congestiones y problemas en esta comunidad. Es fundamental que usemos el tono menor en todo mientras las juntas de zonificación estudian nuestra solicitud —me volvió a mirar y repitió— lo que sea que haga, cuando hable con alguien, asegúrese de usar el tono menor.

—No hay problema —le dije—, minimizaré las cosas.

Quig siguió mirándome fijamente.

—¿Por qué me está mirando así? —le pregunté.

—Necesito que esto quede bien claro. Hemos invertido centenares de horas para llegar a este punto y no podemos darnos el lujo de que ahora se eche todo a perder —y en seguida, para remarcar el punto, me dijo—. Dígame, ¿qué palabra no se puede decir en un teatro?

—Fuego.

—¿Qué no se puede decir en South Barrington?

—No lo sé.

—Grande.

—Ya entiendo.

Algunas semanas más tarde un reportero llamó para una entrevista por teléfono.

—¿Tendría algún tiempo para hablar? —me preguntó.

—Seguro —le dije.

—Hábleme de su iglesia.

—Es un gran lugar. Muchos están encontrando a Cristo y ayuda para su vida.

—¿Qué clase de ministerio tiene su iglesia? —dijo el reportero.

—Tenemos ministerios para jóvenes aquí, hemos ayudado a los pobres y tenemos ministerios para personas solteras —le contesté.

—Suena como si tuvieran muchas cosas caminando.

—Bueno, la idea es tener un inventario variado de ministerios así la gente puede obtener toda clase de ayuda.

—¿Un inventario de ministerios? Eso suena a ventas al detalle.

—Bueno, nunca lo pensé de ese modo, pero supongo que sí. Queremos tener muchos lugares donde la gente se pueda conectar.

Durante unos diez minutos, el reportero analizó ese concepto conmigo y después me dijo:

—Suena algo así como un *centro comercial religioso.*

—Bueno, no lo sé, pero queremos tener muchos ministerios y puertas abiertas para la gente.

—Bueno, muchas gracias, Bill.

Al día siguiente alguien se me acercó y me puso un periódico en el rostro. En letras grandes y negras, el título decía: «Centro comercial religioso se instala en South Barrington».

La voz de Quig de dos semanas atrás llegó clara a mis oídos: En el teatro no se puede decir «fuego» y en South Barrington no se puede decir «grande».

Sabía que Quig llamaría en cualquier momento. Sospeché que mi joven carrera pastoral había llegado a su fin. ¡Despedido de la primera iglesia que pastoreaba! Y si así ocurría, me lo merecía. Quig había pasado un impresionante número de horas creando un ambiente favorable con las autoridades y ahora venía yo y lo arruinaba todo con una sola entrevista descuidada.

Me quedaba una esperanza. Quizás, pensé, me gane una severa regañada y me den una segunda oportunidad. De todas formas no tenía ningún deseo que me llamara, pero sabía que lo haría.

Temprano en la tarde, la recepcionista me pasó la llamada de Quig. Las primeras palabras que salieron de su boca fueron:

—¿Sabe? Le sugiero que no le dé demasiada importancia al asunto.

—Lo siento mucho. En realidad lo siento mucho. No me detuve allí.

Seguí hablando hasta que Quig me interrumpió para decirme:

—Mire, usted es joven. (No dijo «y tonto», pero ambos sabíamos que lo estaba pensando). Le apuesto a que nunca más lo volverá a hacer. Aparte de eso, usted tiene corazón, tiene visión, y... (estas fueron las palabras que me emocionaron) ...tiene un amigo. Recibí una bonificación, así que lo invito a almorzar al restaurante italiano. ¿Nos encontramos allí?

Ese día experimenté el sabor, el sentimiento, la visión y el toque de gracia. Fue una salida radical de aquello en que yo había crecido y un giro sobrenatural de la forma en que las cosas generalmente funcionan.

■

Dirección equivocada en la cuestión de las buenas obras

Como sabemos, en este país la vida se fundamenta en los resultados. Desde la niñez se nos enseña que, si queremos algo, tenemos que ganárnoslo. Cuando adultos, sabemos que si queremos ganarnos un premio por ventas tenemos que salir y vender. Si queremos un ascenso, tenemos que trabajar largas horas. Si queremos triunfar —sea vocacional, deportiva o económicamente— tenemos que sumergirnos en esa mentalidad de trabajo y hacer que el éxito venga a nosotros.

Al saber eso, pasé la primera mitad de mi vida tratando de agradar a Dios haciendo el bien y siendo bueno. Después de todo, pensaba, mi dedicación me ha dado buenos resultados en otros aspectos, como títulos académicos y deportes, de modo que ¿por qué no habría de ocurrir lo mismo en asuntos de fe? Pero pronto empecé a preguntarme: *¿Cómo va Dios a evaluar mi resultado? ¿Cuál es la cuota de buenas obras y cómo voy a saber si me he pasado o me he quedado?*

Cada vez que cometía un pecado evidente, pensaba: *Ya está, a empezar de nuevo*. Pronto sentí como si estuviera tratando de encaramarme por una ladera de hielo. Resbala una vez y te irás por completo hasta el fondo.

Lentamente hicieron su aparición los pensamientos perturbadores: *Es probable que nunca pueda ser lo bastante bueno*. Sabía que la misericordia podía llegar hasta un punto y no parecía que en este caso sería suficiente. (El apóstol Pablo dijo que él era el peor de los pecadores, pero lo dijo porque no me había conocido a mí.)

En resumen, pensé que no podría vencer. Al menos eso era lo que pensaba hasta que me encontré cara a cara con la gracia.

Cuando leí en Isaías que aun mis obras más justas —mi mejor domingo— eran como los trapos grasientos de una estación de servicio, me di cuenta de que las obras nobles nunca serían suficientes. Aun lo mejor de mí sería lastimosamente ineficiente.

Esto puede sonar extraño para algunos de ustedes; pero el darme cuenta de que era imposible que pudiera llegar al cielo con mi propio boleto fue para mí una tremenda experiencia de liberación. Me di cuenta de que tenía que tomar un tren diferente y entonces fue cuando corrí para subirme a uno que era tirado por una locomotora llamada gracia. Y cuando por primera vez descubrí la verdad acerca de la gracia, y abrí las manos y el corazón, y oré: *Dios, si eres tan generoso que ofreciste salvarme y perdonar mi pecado y llevarme al cielo basándote en lo que Cristo hizo por mí en la cruz... Si estás dispuesto a hacer eso por un pecador como yo, y me lo das como un regalo sin costo para mí, Señor, lo recibo.*

Sentí una liberación que nunca antes había sentido. Al fin mi vida no iba en la dirección equivocada en lo relativo a las buenas obras. Me sentí libre de la atadura del miedo de la muerte y del castigo, y sentí sobre terreno firme y con la seguridad de un tremendo amor que recibí sin condiciones. El versículo que me ayudó a sentirme seguro fue «Porque por gracia sois salvos por medio de la fe; y esto no de vosotros, pues es don de Dios; no por obras, para que nadie se gloríe» (Efesios 2.8,9).

Más tarde fui a ver a una amiga y le pregunté: «¿Por qué nadie me dijo que podía ser salvo por gracia y no por mis esfuerzos?»

Ella me dijo: «Bill, todos hemos tratado de decírtelo, pero has estado tan decidido a salvarte tú mismo que no nos oías».

Ella tenía razón. ¿Tiene razón en cuanto a usted? ¿Está tratando de subir por una ladera de esfuerzo espiritual, sin darse cuenta de que la ladera nunca llegará a Dios? Si es así, tengo grandes noticias para usted. El Dios al que buscas es un Dios bondadoso.

En el Salmo 103.8 leemos: «Misericordioso y clemente es Jehová; lento para la ira, y grande en misericordia». Si alguien me dijera: «Muéstrame un solo versículo que me dé una imagen de lo que es Dios» este sería el versículo.

La gracia ha transformado mi vida, pero ha venido a través de algunas realidades que han sido muy incomprendidas por nuestra cultura. Cuando la gente piensa en alguien como una persona «bondadosa» por lo general lo imagina fino, tolerante, sensato o algo así. «Oh, qué persona más simpática». «Qué amable anfitrión». Pero ¿qué quiere decir la Biblia cuando habla de gracia? Quiero dedicar unos minutos a esta definición, porque entender la naturaleza de la gracia de Dios ha sido la más poderosa experiencia que he tenido como cristiano.

Justicia, misericordia y gracia

El estar absortos en lo que es Dios puede inclinarnos a otorgar beneficios a personas que no se los merecen. Personas «finas» pueden experimentar un deseo ocasional de dar un beneficio a una persona que se lo merece; digamos que un jefe al dar a un empleado eficiente un día libre extra; que un estudiante esforzado logra una extensión para entregar su trabajo; que los hijos que se portan bien suelen disfrutar de un cono de helado al regresar a casa después de visitar a la abuelita.

Pero la gracia de Dios es algo totalmente distinto. Entre la gracia de Dios y la gracia humana no fluye la misma sangre. La gracia de Dios es tan extraordinaria como ordinaria es la gracia humana. Para entender eso primero hay que entender la relación de justicia, misericordia y gracia.

Digamos que sale de su casa para recoger el periódico y ve al jovencito de quince años que vive un par de casas más allá. Todavía no tiene su licencia de conducir. Ha tomado sin permiso el automóvil de la familia y ha dado marcha atrás descuidadamente y a alta velocidad. Usted se preocupa porque sabe que el niño aun no tiene licencia, pero también porque tiene conocimiento de que en esa familia hay problemas.

Mira y siente el rechinar de las llantas cuando el auto sale disparado; la cabeza del niño apenas sobresale del volante. El auto sigue su marcha pero de pronto da una sacudida hacia la derecha y pasa por encima de su buzón de correspondencia, las matas y la cerca que construyó el verano pasado. Por sobre la polvareda que se levanta, ve al niño salir del auto con una mirada de vergüenza en el rostro, y usted tiene que tomar una decisión. Tiene tres opciones.

La primera es tratarlo con justicia. Puede darle exactamente lo que merece. «Muy bien, niño, hiciste este desastre, así que voy a llamar a la policía y ellos te van a citar por conducir sin licencia. Después llamaré a tus padres para decirles lo que has hecho. Y Luego vas a tener que buscarte un trabajo para poder pagarme el buzón, mis matas y la cerca».

Si trata al niño con justicia, usted no es una persona mala. Simplemente le está dando lo que merece, ni más, ni menos.

Sin embargo, puede escoger la segunda opción: misericordia. Misericordia es dar a alguien un poco menos de lo que se merece. Le diría: «No voy a llamar a la policía, pero sí voy a llamar a tus padres. Vamos a establecer el costo del buzón, el costo de las matas y el costo de la cerca, y vas a tener que pagarlo».

Si lo hace así, el niño debiera estar muy agradecido porque en lugar de aplicarle la justicia estricta, estás siendo misericordioso. Está recibiendo un castigo menor del que merece.

Pero es posible que se decida por la tercera opción. Sin embargo, esta próxima opción no se ajusta al sentido común. Es arriesgada, puede explotarle en la cara, y alguien podría llamarlo un escándalo. *Puede decidir tratar al niño con gracia.*

—Causaste un desastre, hijo. Derribaste mi buzón de la correspondencia, arruinaste mi jardín y echaste al suelo mi cerca. Me tomó la mitad del verano construir esa cerca. Pero no voy a llamar a la policía. Tampoco estoy seguro de que quiera meterte en un gran problema con tu familia. En cuanto al buzón, las matas y la cerca, creo que podré arreglarlos. Pero tú y yo vamos a subir al auto y vamos a buscar un lugar donde podamos sentarnos a servirnos un emparedado. Me vas a contar un poco más de ti, qué estás haciendo con tu vida y cuál es el futuro que te espera. ¿Estarías dispuesto a hacer eso?

El niño asiente.

—Hay solo una condición —agregas.

—¿Cuál es esa condición? —dice el niño.

—Yo voy a conducir —afirmé.

¿Qué le parece esta última opción? Quizá diga: «Es lo más tonto que he oído en mi vida. Todo lo que al muchacho le falta por hacer es volver a tomar el automóvil y esta vez aplastar algo más que el buzón de la correspondencia».

¿Sabe qué? Es posible que lo haga. Ese es el riesgo y el escándalo de la gracia. Pero es también posible que su gracia escandalosa toque a ese muchachito en la parte más profunda de su alma. Su interés en su bienestar y en su futuro pueden abrir la potencialidad de la que quizá no se haya preocupado y puede ser testigo de la transformación de otra vida cambiada por la gracia.

Todo el día vamos por ahí decidiendo si vamos a tratar a la gente con justicia, misericordia o gracia. Pero nada de eso tiene sentido a menos que entendamos lo que realmente merecemos.

La explosión de gracia

Algunos años atrás, un amigo me sacó a dar un paseo en su bote por el sur de California. Cuando pasábamos frente a Newport Beach Harbor vi en el costado de un hermoso y costoso yate: *Deserved* [Merecido].

Hablemos de lo que realmente merece el dueño de este yate de un millón de dólares. (Y lo que usted y yo en realidad merecemos.) Hasta que entendamos que nunca entenderemos la verdadera naturaleza de la gracia.

Romanos 6.23 dice: «La paga del pecado es muerte». Este es el asunto. Volvamos al huerto del Edén, donde Dios dice: «El día que te rebeles contra mí, el día que alces tu puño contra mí y digas «Sé lo que tú quieres que haga, pero haré lo que a mí me parece», el día que me desobedezcas con ese espíritu tan rebelde, ese día, sin ninguna duda, morirás. La paga del pecado es muerte».

En una economía moral regida por un Dios absolutamente santo y justo, cuando cometemos traición cósmica y mentimos, engañamos, robamos, profanamos el nombre de Dios y violamos la santidad de Dios, merecemos la muerte. Si fuéramos a recibir de parte de Dios la justicia pura, seríamos destruidos en el acto.

Dios no sería desconsiderado ni detestable si nos aniquilara. Sería nada más que justo. No tendríamos derecho de alzar nuestro brazo a Él y decirle: «No merecemos esto» porque sí lo merecemos. Es la forma en que maneja el mundo.

¿Qué pasaría si recibiéramos misericordia? El Salmo 103.10 dice: «No ha hecho con nosotros conforme a nuestras iniquidades, ni nos ha pagado conforme a nuestras ofensas». Porque Dios es misericordioso, su política no es «un pecado, un golpe». No hay una relación directa entre nuestra pecaminosidad y nuestra muerte cada vez que pecamos, porque la admirable naturaleza misericordiosa de Dios lo lleva a darnos menos que el castigo total que merecemos.

Pero entonces viene la gracia. La gracia es una bendición fantástica concedida libremente sobre la base de una absoluta falta de méritos del receptor. Es una gracia escandalosa. Es demasiado buena para ser verdad. Es lo que hace a la gente decir: «No, eso no podría ocurrir jamás». Pero la Biblia dice que ocurre.

La gracia es un asalto aplastante y placentero en el que Dios dice: «¿Sabes lo que voy a hacer? Voy a sacudir a la gente dándole algo tan formidable e irracional que, cuando esta bendición los toque, va a provocar una explosión espiritual en su corazón que los cambiará para siempre».

Cuando usted sabe lo que merece pero obtiene algo más maravilloso que lo que podría ganar en miles de vidas, tiene lugar la explosión de gracia en su corazón, y nunca seguirá siendo el mismo. Esto es exactamente lo que pasó con el hijo pródigo que se menciona en Lucas 15. Este hijo descarriado tomó la herencia de su padre y se fue. Hizo todo lo que un joven autodestructivo y ofensor de Dios, rebelde y con los bolsillos llenos de dinero haría. Algunos de ustedes saben exactamente lo que este joven hizo.

Cuando su libertinaje, su alto nivel de vida y su insensatez lo llevaron tan abajo que la comida de los cerdos empezó a parecerle apetecible, pensó: *Esto es justicia. Estoy muriendo en un chiquero lleno de cerdos, pero es lo que merezco. Desperdicié la herencia del viejo, dinero que él había ganado durante décadas de duro trabajo y recto vivir. Violé todo lo que me enseñaron e inventé nuevas formas de meterme en problemas. Sacudí mi puño contra Dios y sus caminos y ahora he echado mi vida a la basura, moviéndome entre cerdos. Si muero como uno de ellos, no será injusto. Se me habrá hecho justicia.*

Pero aunque estaba en un sucio y maloliente chiquero, se atrevió a esperar misericordia, no porque sus pecados hayan llegado a ser menos odiosos, sino porque tenía algún grado de entendimiento del amor de su padre. Él no podía pretender alcanzar gracia en lugar de misericordia. Aquello no entraba en su mente. Solo tenía la fe para pensar que posiblemente su papá fuera misericordioso, por eso se dijo: *Esto haré. Volveré a casa. Lo primero que voy a hacer será decirle a mi papá: «Ya no soy digno que me llames tu hijo». Solo te voy a pedir un lugar allá afuera para dormir con los jornaleros y quizás alguna comida, y trabajaré para ti.*

Nunca en sus más alocados sueños se pudo imaginar qué le esperaba. Este hijo malhechor recibió un amor tan grande y bendito que estaba fuera de todo cálculo: el abrazo de su padre, un anillo en su dedo, una celebración con sus amigos y su familia, la fiesta de su vida. Esto era irracional.

De pronto aquel muchacho cambió para siempre por un sorprendente toque de gracia. Dudo que dos meses más tarde haya vuelto con los bolsillos llenos de dinero para hacer la misma cosa y acabar en el mismo chiquero. El joven que había hecho eso estaba muerto. Había sido restaurado por la gracia.

Mientras esa explosión no ocurra en su corazón, nunca podrá entender realmente la gracia. No tiene idea de su poder o de su costo. Recuerde, Dios no se hace simplemente de la vista gorda con el pecado. Jesucristo su Hijo pagó el precio para satisfacer sus exigencias de justicia. Debido a tal transacción, Dios puede ofrecer el don de perdón y salvación y decir: «Aquí tienes la gracia que quieres, que necesitas, si la aceptas».

¿Ve ahora con mayor claridad la gracia? Es inmerecida. Viene del corazón de un Dios generoso que quiere aturdirle y abrumarle con un don que no merece: la salvación, la adopción, una capacidad espiritual para usar en el servicio del reino, en respuestas contestadas, en la iglesia, su presencia, su sabiduría, su dirección, su amor. La verdad es que no merecemos ni una sola de estas cosas, mucho menos un yate de un millón de dólares, pero Dios es tan increíblemente generoso que nos da bendiciones eternas tan ricas que hacen que un yate de un millón de dólares se vea como una chuchería en una venta de garaje.

■

Las bendiciones de la gracia

El perdón que Dios ofrece es ofrecido en igualdad de oportunidades. Dios hace esta oferta a pecadores ostentosos, a pecadores aburridos, a pecadores asquerosos, a pecadores decentes, a pecadores secretos, a pecadores educados, a pecadores ignorantes, a pecadores religiosos, a pecadores ateos. La verdad es que Dios se deleita en ofrecer su perdón.

Cuando esta gracia llega a usted, lo primero que siente es un enorme alivio. «¡Ah, hay perdón! No tengo que pagar el resto de mi vida por esta falta». En cuanto a mí, mi alivio fue casi eufórico. Había tratado con tanto empeño de ser perdonado, que el pensamiento de un perdón que no me había ganado fueron buenas nuevas abrumadoras.

La siguiente cosa que usted siente es la posibilidad de reconciliación. Cuando el infamante titular «centro comercial religioso» apareció, mi temor no se limitó a la posibilidad de perder mi trabajo. Mi relación con Quig había madurado tanto que pensé: *Todo se acabó. Nunca va a querer dirigirme la palabra otra vez.* Pero ¿qué pasó? Quig me invitó a almorzar.

Sentí esperanza. La dádiva de la gracia hace eso. Alivia a la gente de tener que pagar, y pagar, y pagar. No había nada que yo pudiera hacer para recoger mis comentarios al reportero; no había forma de que pudiera pagar a Quig por los centenares de horas de su tiempo que yo había puesto en serio peligro. Pero la gracia cubre todo eso, y más. Invita a las personas a restablecer su relación con Dios y con otras personas a las que hayan ofendido.

En un sistema en el cual hay gracia, los sueños —no las pesadillas— definen nuestra vida.

Sin embargo, eso es lo que llamo el «escándalo de la gracia», el mismo punto que hace que la gente no la acepte.

El escándalo de la gracia

Una vez almorcé con un hombre de negocios con quien había llegado a tener una amistad firme. Le pedí su servilleta y su lápiz. El lápiz lucía como si no costara menos de doscientos dólares. Usando su bolígrafo en lugar del mío, sabía que tendría toda su atención. ¡No quitaría la vista de su lápiz!

En la parte superior de la servilleta escribí la palabra *Dios,* luego tracé una línea de puntos debajo. Señalando la palabra *Dios*, dije: «Aquí, sobre la línea, está la medida de santidad de Dios y aquí debajo de la línea están todas las personas malas del mundo. Marca con una «*x*» el lugar donde crees que estás en la escala moral».

Él lo hizo, y yo continué. «El espacio que queda entre tu «*x*» y la santidad de Dios es, precisamente, el problema. Según lo has admitido, no has alcanzado las normas de santidad de Dios. Esa diferencia es por la cual tendrás que responder el día del juicio».

Di vuelta a la servilleta y dije: «Toda la gente tiende a hacer una de estas dos cosas con esa falla». Tracé una línea en el medio y escribí en la parte superior: «El plan de autosuperación moral».

«Esto es cuando la gente pasa el resto de su vida tratando de llevar la «*x*» un poco más arriba. La Biblia dice que esto no funciona incluso si Él le diera a la gente centenares de vidas. No puede llegar al lugar de perfección moral si es un ser humano caído».

Luego en la parte inferior escribí: «El plan de gracia».

Mi amigo dijo: «¿Qué es eso?»

«No lo vas a creer. En el plan de gracia, Dios dice: "Veo la brecha y sé que tú no puedes cambiar las cosas por tus propias fuerzas, así que voy a mandar a Cristo, mi Hijo, para pagar por lo que tú no puedes hacer. Entonces, se te ofrecerá como un regalo la salvación y la adopción en mi familia"».

Luego le pregunté: «¿En qué lado estás tú, el plan de gracia o el plan de autosuperación moral?»

«En el plan de autosuperación moral», me contestó.

Asentí. «Por todo lo que te conozco, creo lo mismo».

Nunca voy a olvidar lo que ocurrió luego. Miró hacia arriba y buscó mis ojos. En esa mirada de cinco segundos, él estaba pensando: *Si fuera verdad lo que estás diciendo. Si sintiera que hoy puedo abandonar el plan de autosuperación y recibir la gracia como un regalo gratuito para un pecador inmerecedor como yo, todo cambiaría.*

Esa «sospecha santificada» es lo que mantiene a mucha gente lejos del cristianismo. Si alguien nos dice que lo único que tenemos que hacer es decirlo y obtendremos un automóvil nuevo, sabemos que no sería verdad, entonces ¿cómo podríamos esperar un pasaje gratis para el cielo? Este asunto de la gracia suena tan bonito, como tan fácil. La gente de éxito que ha trabajado mucho y duro para tener el lugar que tienen en la sociedad y su hermosa casa y su gran oficina y su automóvil importado sencillamente no quiere creer que Dios pueda *darle* un lugar en el cielo. Ellos insisten diciendo que «nada se te ofrece en bandeja de plata» y la mayor parte del tiempo tienen razón. Pero en este caso, están trágicamente equivocados.

Por esto es que cuando entrega su vida a Cristo y experimenta la explosión de gracia será derribado por la metralla del alivio. En el fondo de su mente usted *sabía* que no podría ganarse el camino al cielo, y ahora se da cuenta de que no tiene que hacerlo. En lugar de definir su relación con Dios por sus propios esfuerzos, va a observar maravillado cómo Dios le lleva cerca de su propio acuerdo. Y nutrirá su alma el pensar que: *Quizá con la ayuda de Dios pueda reanudar mi vida. Quizá pueda dirigirme con un proyecto limpio a una clase de futuro diferente.*

En realidad, en eso no hay un «quizás» ni un «ojalá que». Llega a nosotros por gracia y es verdad. También es duradero.

Sostenido por gracia

Una cosa es darse una vuelta por el campo de pelota, y otra es permanecer allí. Alguien puede estar pensando: *Muy bien. Acepto que la gracia pueda hacer de mí un cristiano pero ¿por cuanto tiempo permaneceré así?* Un buen punto, ¿verdad? Una cosa es decir una oración, aceptar el regalo gratuito de Dios y luego mantener nuestro estado de obediencia... por algo así como una hora. ¿Pero qué pasará la próxima semana, cuando mi cónyuge y los niños olviden limpiar la casa, cuando mi jefe me culpe a mí por un error de un compañero, cuando el perro de mi vecino no deje de ladrar en la mitad de la noche, cómo podré *entonces* seguir siendo amable?

En primer lugar, tiene que recordar el costo inicial de la inversión que Dios ha hecho en usted: nada menos que la vida de su único Hijo. Dios no simplemente «apostó todo a una sola carta»: la salvación de usted, sino que pagó con su propia carne y sangre.

Una vez que Dios nos ha dado a su Hijo, ¿piensa que Él va a escatimar los extras?

No solo somos salvos por gracia sino que la Biblia dice que somos *sostenidos* por gracia. La promesa de Dios de darnos la vida eterna incluye un extra que ofrece una cierta calidad de vida. Jesús dice: «Yo he venido para que tengan vida, y para que la tengan en abundancia» (Juan 10.10). El salmista clamó diciendo: «¿Qué pagaré a Jehová por todos sus beneficios para conmigo?» (Salmo 116.12).

Yo acostumbraba explicar este concepto a mi hijo diciéndole: «Todd, es como esto. Dios decide comprarnos un buen automóvil. No hay razón para esta compra, pero Él simplemente quiere hacernos un regalo. ¿Cree que un Dios tan generoso va a empezar a regatear con los extras? Yo no lo creo. Él va a decir al vendedor: "Asegúrese de que tenga el mejor radio. ¿Techo corredizo? Seguro. ¿Asientos de cuero? ¿Por qué no? ¡Quiero impresionarlos!"»

No estoy seguro de que esta ilustración haya profundizado en el corazón de Todd, pero a menudo quiere oír la historia del automóvil y del mejor radio.

Eso es exactamente lo que Pablo está diciendo en Romanos 8.32: «El que no escatimó ni a su propio Hijo, sino que lo entregó por todos nosotros, ¿cómo no nos dará también con Él todas las cosas?»

No tenga miedo de entrar por gracia y luego evitar hundirse en las aguas de los esfuerzos humanos. Una vez que Dios nos tiene adentro, Él nos cuida. Él no va a echarse atrás en nada. Tendremos todo cuanto necesitemos para llevar una vida de obediencia y dedicación.

■

Actos insensatos de gracia

Permítame darle un último pensamiento. Hemos hablado bastante sobre la transformación de la naturaleza que se experimenta cuando se *recibe* la gracia. Pero ahora quiero decir una palabra acerca del aspecto revolucionario al *dar* gracia. Somos expertos en aplicar justicia: «¿Tú me chocaste? ¡Yo te choco!» En ocasiones, cuando estamos de buen humor, podemos hacer alarde de misericordia: «¿Me chocaste? Bien, yo te voy a chocar aunque un poco menos fuerte». Pero Jesús quisiera que provocáramos desaforados actos de gracia.

En Mateo 20 Jesús contó una parábola de un campesino que contrató trabajadores a primera hora de la mañana para que trabajaran todo el día en su viña. Más tarde, contrató a otros y más tarde a otros y más tarde a otros. Por último, cuando no quedaba más de una hora de trabajo, contrató a los últimos.

Cuando el día de trabajo terminó, les pagó a todos la misma suma. Y los que habían trabajado todo el día dijeron: «Un momento. ¡Nos estás robando!»

El campesino replicó: «¿Robando? Cuando les pregunté si querían trabajar para mí les prometí una paga completa equivalente a un día completo de trabajo. Eso es justo. He respetado mi palabra».

Los reclamantes tuvieron que pensar. La lógica del patrón no tenía fisuras. «Está bien, suponemos que hemos recibido lo justo», admitieron. «Pero ¿qué pasa con estos otros que trabajaron solo una hora?»

El campesino les contestó: «Quiero realizar un acto de gracia poco común y absurdo. Les voy a dar algo que los va a hacer correr a su casa y gritarle a su esposa: "¿Podrías creer lo que me ha ocurrido hoy? Trabajé una hora y me pagaron como si hubiera trabajado todo el día. Esto es tremendo. ¡Vamos a celebrar!»

Si nos tratamos los unos a los otros con justicia, estamos siendo nada más que justos. No nos vamos a complicar demasiado la vida. Si somos misericordiosos de vez en cuando los unos con los otros, estaremos elevando un poco la temperatura de nuestras relaciones. Pero no va a haber mucha transformación.

Sin embargo, si a veces realizamos un inesperado acto de gracia podemos entrar en una nueva dimensión de vida. Si perdonamos a alguien o algo cuando fácilmente podríamos vengarnos; si tomamos un documento que alguien nos debe y escribimos una nota que diga «Pagado» (que son las mismas palabras que Jesús escribió sobre la lista de pecados de la vida de usted); si le decimos a esa persona: «Quiero perdonarte como yo he sido perdonado», vamos a descubrir el poder y la realidad de la gracia.

He aquí un reto: De cuando en cuando dé un poco de su tiempo libre, como una joven madre soltera de mi iglesia que me dijo hace poco: «Tengo solo dos semanas de vacaciones al año, ¿y sabe lo que voy a hacer? Es la cosa más loca que pudiera imaginarse. Voy a pasar una semana en República Dominicana con los ministerios internacionales de la iglesia ayudando a levantar una casa para otra mamá soltera».

«¿Por qué va a hacer eso?», le pregunté.

Y me contestó: «Si usted supiera cómo Dios ha cambiado mi vida, lo entendería».

Dé algo de sus talentos o de su dinero. Asombre a alguien con tan extraño regalo.

En la iglesia cantamos «Sublime gracia del Señor que un infeliz salvó»; pero ¿en realidad sabemos lo que estamos cantando? ¿Está usted abierto a este tipo de gracia, una gracia que es escandalosa en su oferta y explosiva en su poder para transformar la vida humana?

¿Abrirá su corazón y recibirá la gracia con su riqueza, su plenitud y su perdón? ¿Lo hará? ¿Permitirá que purifique su corazón y limpie su alma y le haga más amoroso? ¿Le va a comprometer a llevar a cabo de cuando en cuando actos de gracia irracionales y sin sentido para mandar a alguien corriendo a casa diciendo: «¡No lo vas a creer!»?

Espero que lo haga. Porque la gracia de Dios es real y usted va a quedar sorprendido cuando vea lo que puede hacer la gracia.

8

¿Busca a un Dios...

QUE SIEMPRE ESTÉ COMPROMETIDO CON USTED?

■

Era tarde. Quizá las diez o las once de la noche. Me sentía agotadísimo. Aunque solo era un alumno que apenas comenzaba en la escuela de segunda enseñanza, había pasado dieciséis horas manejando un camión cargado. Estaba en un sitio desconocido, pero no había problema. No tenía importancia el nombre del pueblo, ni siquiera el nombre del estado. Eran simplemente puntos de destino en el mapa. Lo único que me importaba era la señal roja que decía: «Parada de camiones». Entré en la zona de estacionamiento, me detuve, me dirigí al comedor y escogí un asiento en la sección de choferes.

Lo vi sentado en una mesa de esquina, con un cigarrillo colgando entre sus dedos, y ondulantes volutas de vapor que subían desde su taza de café. Se quitó la gorra de béisbol y se pasó los dedos por el cabello. Equivocadamente creí que me estaba saludando, así que le dije: «Hola». Él también me respondió con un «Hola». Después de eso empezó a contarme la historia que he llegado a conocer tan bien. Sus nombres eran siempre diferentes, y los estados que atravesaban y las estaciones que conquistaban cambiaban, pero la sustancia de las historias de choferes veteranos era tan previsible como una novela romántica estilo bolsilibro.

«He recorrido tres millones de kilómetros en esa maravilla», me dijo, señalando hacia el estacionamiento. Miré y comprobé la majestuosa presencia de un *White Freightliner*. Era difícil decirlo bajo las luces, pero el camión parecía tener por lo menos unos quince años.

«Todavía arranca sin un gemido a veinte grados bajo cero», dijo el veterano chofer, como restándole importancia al dato. Tomó un sorbo de café, se pasó la lengua por los labios y añadió: «Crucé las *Smoky Mountains* con él cargado con ochenta mil libras. Es el único camión que puede hacerlo. Sí. Y era el único camión en la Interestatal 80 durante la nevada de 1958...»

Me sonrió. «Supongo que por ese tiempo usabas pañales», dijo, bromeando.

Ya no, pero pensé que un hombre que ha manejado tanto como para darle la vuelta a la tierra varias veces se ha ganado el privilegio de subestimarme por mi edad. Estaba disfrutando de mi conversación con él.

Por ese tiempo no trabajaba con la compañía de productos agrícolas de mi padre, pero había manejado suficientes kilómetros y bebido suficientes tazas de café en suficientes paradas de camiones para conocer bien a los choferes veteranos que nos regalaban a los novatos sorprendentes historias de seguridad mecánica.

Cuando uno habla con un chofer de estos, es prácticamente imposible evitar que lancen loas a su camión. Cuanto más trate de hacer resaltar los méritos de los nuevos vehículos o exponer sus conocimientos sobre los últimos avances y perfeccionamiento en ingeniería de camiones, nunca podrá deshacer los nudos que a nivel visceral se han formado en el alma de un hombre cuando este ha dependido de su camión para pasar a través de las peores condiciones climáticas o ascender a las más altas montañas.

Los camiones han probado ser fieles en la nieve, en el calor del desierto, y bajo las cargas más pesadas, y los lazos entre el hombre y la máquina que se han fortalecido a través de tales circunstancias han perdurado más que cualquier otro compromiso que haya podido asumir el camionero. El país puede hacerse comunista, la esposa puede encontrar a otro hombre, los niños pueden transformarse en delincuentes, pero esos conductores veteranos *siempre* podrán contar con su camión.

Vivimos en un mundo en el que tales fidelidades son casi una aberración. En otros veinte años es posible que esto se encuentre solo en los museos. Usted sabe a qué me estoy refiriendo: Los cónyuges transan en su matrimonio, los empleadores transan con sus empleados, los deportistas se van de un equipo tan pronto como aparece otro que les ofrece más dinero, los pastores, como promedio dejan sus iglesias cada cuatro años... Es abismante cuán desleal ha llegado a ser nuestra sociedad.

Las cosas se han puesto tan mal que los sociólogos y escritores se refieren a esta generación como «la generación que quiere mantener abiertas sus opciones sin comprometerse».

No obstante, el compromiso, tradicionalmente, es lo que nos hace fuertes y nos ayuda a mantener cualquier cosa unida.

Contra ese telón de fondo —una humanidad creada para depender de compromisos pero que huye de ellos como si fueran la más mortal de las plagas— quisiera atraer su atención a un Dios que sabe ser fiel y que sabe de compromisos como nadie.

■

Dios cumple los compromisos que hace

Cuando Todd tenía cinco años, me pidió que moviera mi auto para poder sacar su bicicleta del garaje.

—¡Papá, mueve tu auto! —me dijo.

—Lo haré, Todd, lo haré.

Cinco minutos después, Todd volvió y me dijo:

—Papá, es mejor que muevas el auto porque si no te vas a ver en problemas con P mayúscula.

—¿Te refieres a *T*, de Todd?

—Digamos que sí.

Todd sabía que yo había hecho un compromiso de mover el auto («Lo haré, Todd, lo haré») pero su preocupación radicaba en si yo cumpliría mi compromiso.

Con Dios no tenemos que tener esa preocupación. Él desea hacer compromisos, y disfruta siendo fiel en cumplirlos.

En el Génesis, Dios hizo una sorprendente promesa a un hombre sin hijos llamado Abram. «Y haré de ti una nación grande, y te bendeciré, y engrandeceré tu nombre, y serás bendición ... y serán benditas en ti todas las familias de la tierra» (Génesis 12.2,3).

Durante varios años, Abram vivió feliz con la esperanza de esa promesa, pero a medida que el tiempo pasaba y unas pocas arrugas más se instalaban en su frente y algunos dolores más se instalaban en sus huesos, empezó a dudar. La próxima vez que Dios se le apareció, él se apresuró a recordarle que su promesa todavía no se había cumplido. *Fíjate. Todavía no me has dado descendencia* (véase Génesis 15.3).

En lugar de tratar de convencerlo de su fidelidad, Dios hizo algo que es absolutamente asombroso cuando piensas en la naturaleza de los compromisos que se hacían en los días de Abram. Para renovar su compromiso con él, Dios le dijo que partiera por la mitad una becerra, una cabra, un carnero, una tórtola y una paloma y pusiera las partes a un lado, con un espacio entre las partes divididas.

Puede sonar sangriento, pero Abram sabía exactamente lo que Dios estaba haciendo. Cuando dos personas hacían un compromiso en los días en que no había abogados ni copias en triplicado, a veces caminaban por en medio de las partes de un animal muerto, dando el uno al otro un cuadro claro de lo que podría ocurrir si se quebrantaba el compromiso. «Mira a la izquierda, mira a la derecha. Si quebrantas este compromiso, tú mismo serás partido por la mitad como uno de estos animales».

La diferencia en esta ocasión, sin embargo, era que Dios puso a Abram en un profundo sueño y luego, simbolizado por una antorcha encendida, pasó solo por entre las partes muertas. En esencia, lo que Dios estaba diciendo a Abram era: «Te prometo esto. Haré oficial el compromiso. Se va a cumplir. Cuenta con eso».

El compromiso de Dios con Abram (a quien más tarde llamó Abraham) fue solo uno de los muchos compromisos que Él hizo. Dios prometió a Noé que nunca más habría otro diluvio mundial. Hizo un compromiso con David, a quien le dijo: «Voy a levantar a la nación de Israel a importancia mundial». Mantuvo su promesa e Israel llegó a ser un poder mundial. Dios también hizo un compromiso con Salomón, el hijo de David, prometiéndole que desempeñaría un papel que ni siquiera su padre podría desempeñar: construiría el templo de Dios en uno de los períodos más prósperos de la vida de Israel antes de la venida del Mesías. Dios fue fiel a su promesa, y Salomón construyó el templo.

Dios también hizo un compromiso con María y José, los padres de Jesús, tendrían un hijo «sobrenatural». Y cada vez que el niño hiciera algo un poco fuera de lo común, como perderse durante las vacaciones de la familia para jugar con los rabinos de Israel, tendrían que recordar que este, sin duda, no era un hijo común y corriente.

Dios el Padre hizo muchos compromisos con Jesús, el más importante de los cuales fue asegurarse de que la obra redentora sobre la cruz satisfaría los requisitos de justicia y pondría la salvación al alcance de toda persona que, sin merecerla, la pidiera.

Evaluemos por un momento las consecuencias. Jesucristo lo arriesgó todo —y cuando digo todo quiero decir eso, *todo*— a fin de alcanzar un solo propósito: nuestra salvación. Cambió las glorias y placeres del cielo por treinta y tres años de vida en este planeta y muerte por crucifixión. Arriesgó todo eso *basado en la promesa de su Padre* de que su obra y sacrificio serían fructíferos. Jesús sabía que su Padre era fiel, por eso no dudó en arriesgarlo todo.

Dios prometió a la Iglesia primitiva en Jerusalén que ellos serían el punto de lanzamiento para las iglesias que un día se extenderían por el mundo. Al principio, ese pensamiento era casi irrisorio. Tan irrisorio como que un hombre sin hijos llegaría a ser el padre de muchas naciones. Pero Dios cumplió su palabra y en la actualidad, aquella pequeña iglesia en Jerusalén ha producido pequeñas comunidades de fe en casi cada ciudad, pueblo y aldea alrededor del mundo.

Dios hizo todos esos compromisos anticipándose al tiempo. Estuvo dispuesto a que se registraran esos compromisos porque está en la naturaleza de Dios ser fiel. Usted puede contar con el cumplimiento de sus promesas de la misma manera que cuenta con que el sol salga y se ponga cada día.

Para mí, la fidelidad de Dios a sus compromisos significa todo. Puedo despreocuparme de mi futuro porque Dios ha dejado escrito que Él caminará conmigo a través de oscuras e inciertas florestas del mañana (véase Mateo 6.34). Cuando analizo mi existencia más allá del sepulcro, me siento lleno de confianza y gratitud porque Dios ha hecho un compromiso inviolable para llevarme al cielo sobre los méritos de Cristo (véase Romanos 6.24). Y sé más allá de toda duda que la gracia está a mi alcance cuando fallo (1 Juan 1.9).

Decenas de millones de personas en los Estados Unidos ahorran en bonos, no porque paguen más que otras inversiones —su interés es relativamente pobre— sino porque están respaldados por el gobierno de los Estados Unidos de América y por lo tanto son relativamente seguros. Bueno, yo «compro» promesas de la Biblia porque están respaldadas nada menos que por el carácter y la naturaleza inmanente de Dios, y no hay absolutamente nada más seguro que eso.

Cuando en estos días reflexiono sobre mi vida, encuentro que hay una serenidad de alma. Esa serenidad no es producto de la meditación. No es producto de años de acumulación laboriosa de buenas obras. No emana del conocimiento de mí mismo ni de sabiduría esotérica. Tiene su origen en la naturaleza de Dios, quien hace compromisos y los cumple.

Un día que salí a navegar con dos o tres miembros de mi iglesia pensaba en esa serenidad. Después que navegamos hasta un punto en que no podíamos ver la tierra ni ningún otro bote, cuando llegamos al ancho océano que era completamente nuestro, pusimos música cristiana *a todo volumen*. El coro de uno de nuestros himnos favoritos retumbaba potente sobre las ondas: «Él no te dejará caer/Él no te dejará caer/ Él nunca está fatigado/Y Él nunca te dejará caer».

Ninguno de los que íbamos en el bote somos cantantes, pero fuimos entonando las palabras tan fuerte como si fuéramos cantantes de rock en un moderno Woodstock. «Él no te dejará caer/Él no te dejará caer/ Él nunca está fatigado/Y Él nunca te dejará caer».

Por el resto del fin de semana, cada vez que uno de nosotros trabajaba con el cabrestante o ajustaba una vela, alguien le gritaba: «¡Oye! ¿Él te dejará caer?»

«¡No!», gritaba en respuesta. «Él no me va a dejar caer». A usted tampoco.

Cuando hablábamos de esa manera no estábamos compitiendo con Polliana por un optimismo ingenuo ni estábamos tratando de cultivar algún tipo de bienestar por una confianza sin sentido. Nuestra certidumbre se basaba en el carácter de Dios, sólido como una roca y en que Él envía paz a las más profundas depresiones de nuestra alma.

Tal paz viene únicamente por la experiencia, por ser testigos del carácter de Dios que cumple sus promesas. Cada vez que la iglesia canta el himno «Grande es tu fidelidad» me gusta mirar alrededor y ver a las personas con el cabello cano cantando con tal convicción que sus venas llegan a inflamarse. Tienen el rostro dominado por una sonrisa de seguridad, y cada sílaba es acentuada con absoluta certeza. Con frecuencia, las personas de edad madura cantan el mismo himno con una confianza interesada, quizás esperanzada. Los adolescentes y los niños tienden a cantarla distraídos y un poco aburridos.

¿Por qué? La persona mayor ha experimentado la fidelidad de Dios y cómo se han cumplido en ellos las promesas y están seguros que lo que cantan es verdad. Como el camionero dando testimonio de la fidelidad de su camión, estas personas proclaman los compromisos de Dios y nadie podría persuadirlos de lo contrario. Para ellos, la fidelidad de Dios no es una teoría ni un tecnicismo teológico. Es la historia de sus vidas: «Grande es tu fidelidad, Señor». En cuanto a mí, cuanto más años tengo con más emoción canto ese himno.

La fidelidad de Dios nos lleva a nuestro segundo punto. Porque hemos sido hechos a la imagen de Dios, Dios espera absolutamente que su pueblo también sea un pueblo que haga compromisos y los cumpla.

■

Dios espera que los compromisos que hagamos los cumplamos

Una soleada mañana de agosto, tres diferentes parejas se preparan para un fin de semana de navegación. Una pareja sale del auto, aquel que tiene un marco para la placa que dice: «Prefiero navegar» y empieza a transportar sus provisiones hasta el bote. Necesitan hacer varios viajes para trasladar todo lo que han decidido llevar. Una vez a bordo, se cambian de ropa, ponen música y pasan la mayor parte del día holgazaneando por el bote (que todavía está amarrado al muelle), leyendo, durmiendo la siesta y charlando. El sábado en la noche duermen en la cabina, y el domingo por la mañana cumplen más o menos la misma rutina del día anterior, limpiando el bote, leyendo y durmiendo siesta. A las cuatro de la tarde más o menos, empacan todo y regresan a casa.

La segunda pareja llega a su bote temprano el sábado. Están anclados en la misma marina, tienen el mismo marco para su placa, traen el mismo equipo, escuchan la misma música, charlan un poco, pero luego hacen algo un poco extraño: Echan a andar el motor. Sueltan las amarras. Salen del embarcadero y navegan por la bahía.

Es posible que la pareja pase una hora mirando los otros botes y luego echan el ancla para cocinar la cena. Esa noche es posible que incluso se aventuren más allá del rompeolas para echar una mirada al mar abierto pero luego regresan, duermen en el bote y el domingo repiten todo el proceso.

La tercera pareja llega al bote el sábado temprano, lleva sus cosas a bordo, salen del embarcadero y se dirigen rectos al rompeolas. Mientras ponen proa mar afuera izan las velas y cuando el viento las infla apagan el motor y entran a mar abierto. Escuchan cómo las velas resisten el viento y el agua rugiendo al ser cortada por el casco. Sienten las olas cómo se levantan debajo de ellos y siguen avanzando hasta que pierden de vista la tierra. Pasan toda la noche en el mar, cocinando a pesar del movimiento del bote. Usan una linterna para leer la carta de navegación y mantener el rumbo. Vuelven a puerto el domingo por la noche.

El lunes por la mañana se le pregunta a cada una de las tres parejas: «¿Qué hicieron el fin de semana?» y cada una da la misma respuesta: «Salimos a navegar». ¿Pero en realidad hicieron lo mismo?

Sucede lo mismo con nuestros compromisos. Tome, por ejemplo, el compromiso entre un hombre y una mujer. Algunas parejas prometerán comprometerse el uno al otro para una noche de romance, pero ninguno de los dos tiene intención de abandonar el muelle de autonomía o independencia. En realidad, ni siquiera van a soltar las amarras del bote.

Otra pareja quizás haga un compromiso más profundo. Quizá se comprometan a ser fieles el uno al otro «mientras su amor aguante». Es posible que vivan juntos e incluso compartan las cuentas. Están dispuestos a dar una vuelta por el puerto de relaciones, pero nunca irán más allá como para perder de vista la tierra o aventurarse seriamente en los mares profundos del compromiso.

La tercera pareja tal vez entre en el compromiso permanente llamado matrimonio. Dejan atrás el muelle de la autonomía, pasan por el puerto de la relación informal y alcanzan las aguas profundas del compromiso. Sin importarles las condiciones del tiempo, descartan la opción de regresar al muelle. Llegaron preparados para navegar, y navegarán.

La misma analogía se puede aplicar a la fe. Algunas personas «juegan» a ser cristianos. Se dejan ver por la iglesia un par de veces en el mes, dejan caer un billete de cinco dólares en el plato de la ofrenda y se esfuerzan al máximo por lucir religiosos, pero nunca quitan las amarras al bote. Siempre se las arreglan para mantener una conexión con la seguridad de la playa. Otros asisten a la iglesia cada semana, dan sus ofrendas y a veces se ofrecen como voluntarios para alguna tarea. Están dispuestos a «dar una vuelta por la bahía» y experimentar con la dependencia de Dios, pero como no llegan a mar abierto, nunca llegan a saber en realidad qué es confiar profunda y plenamente en Dios.

Los que de veras se comprometen abandonan la seguridad del puerto, aceptan el riesgo del mar abierto de la fe, y ajustan sus compases hacia el lugar de devoción total a Dios y cualquier aventura que Él planee para ellos. Esas son las personas que por fin experimentan la naturaleza del Dios que hace compromisos y los cumple. Son las que algún día cantarán a todo pulmón «Grande es tu fidelidad».

Durante el ministerio de enseñanza de Jesús, su estilo fue abrir de par en par las puertas del reino y decir: «Cualquiera que se arrepienta y profese fe en Dios puede venir». Abiertamente invita a la gente a entrar en su familia, comprometiéndose a perdonar sus pecados y ofreciendo su protección permanente. Pero entonces, invariablemente, una vez que las personas llegan a ser sus familiares, Él reestructurará los compromisos fundamentales de sus vidas. «Ahora vamos a tomar las cosas en serio», dice.

Veamos algunos de los compromisos que Jesús nos manda a asumir, particularmente la forma en que se manifestaron en la vida de un notable hombre llamado Pablo.

Comprometido con Dios

Jesús dijo: «Buscad primeramente el reino de Dios y su justicia, y todas estas cosas os serán añadidas» (Mateo 6.33). Con eso, Jesús está diciendo: «Cuando descubras la gloriosa noticia de que estoy comprometido contigo, pásate un tiempo regodeándote en esa verdad, pero entonces, comprométete conmigo. En realidad, quiero que este sea el compromiso primordial de tu vida, el primero y más importante compromiso que hagas sobre cualquier otro. Yo seré tu Dios, pero tú tendrás que decidirte intencionalmente a ser mi hija o mi hijo».

En ninguna parte este compromiso fue más evidente que en la vida del apóstol Pablo. Después de su conversión en el camino a Damasco, Dios lo llamó a una vida de total dedicación a Él. Antes de encontrarse con Jesús, por todos los relatos Pablo aparece como camino a una brillante carrera. Sin embargo, voluntariamente renunció a todo eso y se embarcó en una aventura de fe que pudo no solo cambiar el rumbo del resto de su vida, sino el curso de la historia de la humanidad.

Comprometido a influir en el mundo

Jesús dijo: «Vosotros sois la sal de la tierra. Pero si la sal se desvaneciere, ¿con qué será salada? No sirve más para nada, sino para ser echada fuera y hoyada por los hombres» (Mateo 5.13). Lo que Jesús está queriendo decir aquí es: «Una vez ustedes vivieron sin un compromiso de influir con su vida en la sociedad, pero ahora deben estar de acuerdo en ser mis agentes de cambio en el mundo».

El fervor de Pablo por transformar el mundo era tan grande que sus enemigos lo acusaron a él y a los otros discípulos de «trastornar el mundo entero» (véase Hechos 17.6). En una era en la que los viajes por mar y tierra eran difíciles —asaltantes de caminos por tierra y naufragios por mar— los viajes de Pablo eran sorprendentes. Él viajó más de tres mil kilómetros por tierra y al menos otro tanto por mar. Fundó numerosas iglesias, escribió voluminosas cartas (y así una parte importante del Nuevo Testamento) y soportó incontables indignidades en sus intentos por llevar la fe en Cristo a las multitudes incrédulas y muchas veces hostiles. Su fervor misionero por cambiar la vida de las personas no ha sido igualado en la historia de la iglesia.

Pablo dejó tras sí un mundo radicalmente diferente. Antes de su conversión, la fe cristiana estaba confinada a unas pocas ciudades alrededor de Jerusalén. Para cuando murió, el mundo civilizado estaba saturado con pequeños centros de fe, la mayoría de ellos establecidos por él.

Dios nos llama a comprometernos con Él, a comprometernos a influir en el mundo y a comprometernos con la reconciliación.

Comprometido con la reconciliación

En Mateo 5.23-24, Jesús habla de la formación de un nuevo compromiso en la vida de sus seguidores. En efecto, Él está diciendo: «Algunos de ustedes acostumbraban a ser bastante informales en sus relaciones. Si alguien empezaba a separarse, ustedes lo desechaban como el periódico de ayer. Ahora todo eso debe cambiar. Quiero que se comprometan a reconciliarse con cada persona tanto como esté en su poder hacerlo».

El apóstol Pablo respondió al reto de Jesús. A menudo puso su vida en peligro al insistir en la necesidad de echar abajo las murallas religiosas, sociales y culturales que separaban a los judíos de los gentiles. Entre las muchas acusaciones que se levantaron contra Pablo, los judíos frecuentemente agregaban la de que él «ha metido a griegos en el templo, y ha profanado ese santo lugar» (véase Hechos 21.28). Pablo lo hizo porque había adoptado la pasión de Jesús por la reconciliación. Trató de destruir cada forma de prejuicio, llegando a escribir uno de los pasajes más elocuentes y conmovedores de toda la Biblia: «Ya no hay judío ni griego; no hay esclavo ni libre; no hay varón ni mujer; porque todos vosotros sois uno en Cristo Jesús» (Gálatas 3.28).

Cuando Cristo llamó a Pablo —y a nosotros— para ser reconciliadores, Él no solo está extendiendo nuestra fe, sino que está siendo misericordioso hacia nosotros. Nadie quisiera al final de su vida mirar por el retrovisor y ver un inmenso cementerio de relaciones fracasadas que causamos por un espíritu obstinado y nuestra falta de voluntad para tragarnos nuestro orgullo lo suficiente como para reconciliar relaciones rotas.

■

Dios se lamenta por nuestros compromisos incumplidos

Como pastor, estoy bien consciente de que muchas personas han sido gravemente heridas y espiritualmente lisiadas debido al incumplimiento de un compromiso. En cierta ocasión conocí a una mujer en un banquete, la que me contó que después de veinticinco años de matrimonio su esposo le había dicho: «Tengo dos cosas que decirte: Desde que nos casamos, he tenido una infinidad de enredos amorosos y actualmente estoy enamorado de otra mujer».

Todavía afectada por la traición, la mujer se dio ánimo mientras su esposo añadía: «Y segundo, como añadidura, he hecho algunas malas inversiones acerca de lo cual tú no sabías nada. Estamos oficialmente en bancarrota». Con eso, le anunció que se iba, así que la esposa se quedó sola.

Pasó un largo momento de silencio antes que yo le preguntara: «¿Cómo se las arregló?»

«No muy bien», me dijo, en voz baja. Con lágrimas en los ojos y como pudo, me dijo en un susurro: «No sé si sea capaz de recuperarme».

Por conversaciones como esa he llegado a conocer el dolor humano sufrido como resultado del incumplimiento de compromisos, pero lo que más me ha sorprendido es mi creciente comprensión del dolor del corazón de Dios cuando quebrantamos nuestro compromiso con Él. ¿Quieres quebrantarle el corazón a Dios? Aquí tienes una receta sencilla: Simplemente falta a tu palabra.

La historia de Oseas

El libro de Oseas, en el Antiguo Testamento es una crónica del dolor que la infidelidad causa a Dios. «Tengo un cargo contra ustedes», dice el Señor a través de Oseas. «No hay fidelidad en esta tierra». Lo que Dios estaba queriendo decir aquí era: «Cuando yo hice un compromiso para hacerte una nación y adoptarte como mi familia, nos hicimos muchas promesas mutuamente. El único problema es, solo yo he cumplido mi palabra. Tu éstás confiando en que yo cumpliré mis compromisos, y lo haré, pero tú debes cumplir los tuyos también».

Para dramatizar cuán herido se siente Dios por esta traición, Él instruye a Oseas para que haga una de las cosas más extrañas jamás pedida por Dios en la Biblia. Le dice a Oseas que visite la zona roja, que busque allí una prostituta y se case con ella.

Poniendo a un lado las cuestiones teológicas, ¿puede imaginarse la reacción de Oseas? Oseas es un hombre de corazón puro que honra a Dios, pero Dios le pide que comparta su cama con una mujer que ha sido usada y abusada de tal manera que es un vivo retrato de la infidelidad. ¿Cuántos votos se habrán quebrantado en su cama? ¿Cuántas familias quedaron destruidas en sus brazos?

Pero Oseas obedientemente busca una prostituta llamada Gomer y ofrece darle el honor, la dignidad y el respeto de llegar a ser su esposa. Gomer se sorprende pero al mismo tiempo se alegra y ansiosamente sigue a su esposo a su nuevo hogar y a una vida enteramente nueva. Por primera vez, el acto sexual no es una forma de ganar dinero sino que es una forma de expresar afecto y un medio para crear una familia. A medida que los años pasan, Oseas da a Gomer más aun que su casa, su dinero, y sus hijos. Le da su corazón.

El matrimonio, extraño como era, parecía sin embargo, marchar bien, hasta que un día, al llegar a su hogar, Oseas encuentra la casa vacía. Los niños están solos y Gomer no aparece por ninguna parte. Un sentimiento de angustia se extiende por las entrañas de Oseas. De algún modo, él sabe dónde está ella, pero le cuesta creerlo. Sale de su casa y se dirige a la zona roja y se detiene por un momento en que llega a las inmediaciones. Ve a Gomer en una esquina, sus brazos alrededor de otro hombre, llevándolo a una casa de prostitución.

Oseas está destruido. «¿Qué puede darle ese hombre que yo no se lo pueda dar?», clama. «Si ella quería dinero, ¿por qué no me lo pidió? Si quería amor, ¿no eran mis brazos cordiales y tiernos como los de ese hombre?»

Oseas vuelve a su casa y en su rabia lucha contra la tentación de prenderle fuego a todo. Pero la historia no termina aquí. Dios le habla y le dice: «Quiero que vuelvas a la zona roja, busques al explotador de Gomer, la compres y la traigas de nuevo a casa».

«Sí, correcto, Dios, buen chiste. ¿Qué *realmente* quieres que haga?»

«Quiero que vayas en busca de Gomer. Haz como te digo».

Oseas no puede entender que Dios siquiera *considere* pedirle tal cosa. «Ella ya ha barrido el piso con mi corazón una vez», protesta. «Si la traigo de nuevo a casa y empezamos de nuevo...» Calla. «Para ser sincero, Dios, si ella rompe mi corazón por segunda vez, será roto para siempre».

¿Sabes cómo le respondió Dios? «Ahora tú sabes cómo me siento yo. He cumplido todas mis promesas. Le dije a mi pueblo: "Seré su Dios. Los amaré, cuidaré de ustedes, los alimentaré, siempre estaré cerca, y los haré fuertes. Incluso perdonaré sus pecados y un día los llevaré al cielo". Pero mira cómo me han tratado.

»Oseas, tienes el corazón destrozado porque alguien a quien tú amabas no cumplió sus compromisos para contigo. Ella violó tu confianza. Yo he recibido millares de esos golpes. Mi corazón está acribillado con las balas de traición e infidelidad».

Todos hemos sido Gomer

El libro de Oseas mueve elementos en mi alma como ningún otro pasaje de la Biblia. ¿Por qué? Sé que he sido Gomer ante Dios. Me he sentado en la iglesia y he prometido: *Dios, voy a dejar ese pecado*, o *Dios, voy a dar el paso que has estado esperando que dé; te prometo que lo haré.* El tiempo pasa, y meses más tarde me doy cuenta de que no he dejado de hacer lo que dije que no haría y que no he empezado a hacer lo que me comprometí a hacer.

Dios no responde a mi infidelidad con la insensible alegría con que lo hace un policía cuando, para completar la cuota del día, me pone una multa por exceso de velocidad. Él no ve mi desobediencia con la curiosa frialdad de un antropólogo. Pero esto no es todo. Cuando leo Oseas, me doy cuenta de que mi desobediencia deja a Dios sin respiración. Él sufre profundamente por mi infidelidad, de la misma manera que un esposo ante una esposa adúltera.

Debido a que hay mucho en juego, los votos y pactos que hacemos con Dios debieran asumirse seriamente y cumplirse con valor. Los votos que hacemos en frente de una iglesia a nuestro cónyuge son en realidad votos hechos *a Dios*, y Dios los toma como algo personal. Los votos que hacemos en pequeños grupos cuando nos comprometemos a reunirnos y ayudar a otros a mantenerse encendidos espiritualmente son votos registrados en el corazón de Dios. Claro, hay perdón para quienes incumplen sus votos, pero cuando nos demos cuenta de que nuestra infidelidad causa dolor al corazón de Dios, seremos más cuidadosos en infligir tal angustia a quien nos ha mostrado tanta bondad.

La buena noticia detrás de todo eso es que, así como nuestra infidelidad produce tan grande dolor a nuestro Dios, nuestra fidelidad puede enviar cascadas de gozo a su corazón.

■

Dios se deleita en cumplir sus compromisos

Pregunta: ¿Dónde está el Salón de la fama de béisbol? En *Cooperstown, Nueva York.* ¿Y el Salón de la fama de baloncesto? En *Springfield, Maryland.* «Y el Salón de la fama de fútbol? En *Canton, Ohio.* ¿Y el Salón de la fama de bochas? En *St. Louis.* (¿Qué otra cosa va a hacer usted a St. Louis?) ¿Dónde está el Salón de la fama de la temeridad? Está debidamente localizado en las *Cataratas del Niágara* (y hay solo tres personas allí).

¿En qué parte de la Biblia se encuentra el Salón de la fama de los que hacen compromisos y los cumplen? En *Hebreos 11.* En ese Salón de la fama están las bien conocidas estrellas como Noé y Abraham y Moisés, pero también personas como Enoc y Barac, y Jefté y Rahab. Esos hacedores de compromisos «conquistaron reinos..., alcanzaron promesas..., apagaron fuegos impetuosos, evitaron filo de espada» y resultaron «fuertes en batallas» (vv. 33-34). Y no es que no hayan tenido su cuota de retos, porque fueron torturados, azotados, apedreados, aserrados, tentados e incluso «anduvieron de acá para allá..., pobres, angustiados, maltratados» (vv. 35-37).

Pero todos ellos cumplieron sus promesas a Dios, y así fue como llegaron al Salón de la fama de los cumplidores de compromisos. Rahab prometió a los espías israelitas que los ocultaría, y así lo hizo. Barac prometió pelear contra el rey de Canaán, aun cuando su ejército era sumamente inferior en número, y él cumplió su compromiso, persiguiendo y derrotando a sus enemigos hasta que no quedó ningún soldado vivo.

Esos héroes hicieron compromisos firmes, honorables y serios delante de Dios. Muchos dieron su vida antes de dejar de cumplir sus compromisos, y Dios se deleitó y cautivó con su fidelidad de tal manera que proporcionó el medio por el cual sus nombres serían recordados para siempre.

Esos héroes eran gente común y corriente, no superestrellas. Rahab, por ejemplo, tenía un pasado bastante ajetreado. Barac, antes de salir a pelear, estaba un poco asustado e insistía en que Débora fuera con él. Aun cuando comandaba a miles de hombres, se resistía a entrar en conflicto sin la mujer fuerte de Dios que lo acompañara. Pero tanto Rahab como Barac vencieron sus debilidades personales. Dijeron: «Dios, lo haré», y cumplieron su palabra.

Ese salón de la fama celestial todavía está abierto para incorporar nuevos nombres, entre los cuales bien podrían estar el suyo y el mío. Quizás a los ojos del mundo nunca alcanzaremos grandes riquezas ni fama. Nuestros obituarios en la tierra quizá no sean más largos que un aviso clasificado. Pero nuestro compromiso a Dios puede poner nuestros nombres en un salón de la fama que brillará miles de años después que se hayan olvidado los récords deportivos, de las estrellas o de los éxitos mundanales.

¿Cómo podemos hacer esto? Podemos comenzar escribiendo una media docena de compromisos fundamentales que quisiéramos que orienten nuestra vida. Este capítulo menciona varios a que Jesús específicamente hizo referencia, pero si leemos cuidadosamente el Nuevo Testamento, vamos a encontrar muchos más. Una vez que tengamos la lista hecha, necesitaremos revisarla regularmente para recordarnos: «Este es con *quien* he asumido un compromiso. Esto es a lo *que* me he comprometido. De esa forma es *como* quiero orientar mi vida».

Luego, podemos aprovecharnos de las ayudas que Dios nos ha dado para que cumplamos nuestros compromisos: el Espíritu Santo, la Biblia, las disciplinas espirituales, los grupos de responsabilidad. Todos nosotros necesitamos personas que nos estén estimulando a través de decirnos: «Cumpliste ese compromiso. Estoy orgulloso de ti». También necesitamos personas que, cuando hayamos incumplido un compromiso nos recuerden que con la ayuda de Dios podemos hacerlo mejor... y lo haremos. A menudo, tal clase de responsabilidad nos inspira para que la próxima vez nos mantengamos firmes en nuestra palabra.

Pero la mejor forma de entrar en el Salón de la fama de los compromisos es conocer cada vez mejor a nuestro Dios que hace compromisos y los cumple. Cuanto más entendamos a Dios y tratemos de superar nuestra ignorancia de su naturaleza, tanto mejor nos conformaremos a su imagen. La Biblia nos recuerda que seremos más y más como Dios «cuando lo veamos como Él es».

Quiero que volvamos a la historia de la parada de camiones en algún lugar por ahí. Si lo piensas bien, las iglesias pueden ser como paradas de camiones. Gente que está viajando se reúne para «alimentarse», para «descansar» y para «reabastecerse de combustible». Espero que décadas más adelante a partir de ahora, usted pueda decir: «He viajado tres décadas con Dios, y nunca me ha dejado botado. Ha estado conmigo en tiempos de cambios en el trabajo. Ha estado conmigo en tiempos difíciles de mi matrimonio y en tiempos de gran temor con la salud de mi hija... Pero nunca me ha abandonado».

Cuando alcance ese nivel de creencia en la fidelidad de Dios, no le sorprenderá si comienza a hablar a alguien que se detiene suficiente tiempo como para tomarse una taza de café en una mesa vecina en un restaurante. Cuando llegue a ese punto, habrá encontrado el deleite de su alma porque en un mundo donde la infidelidad y el incumplimiento son una epidemia, el Dios al que buscamos es un Dios que hace compromisos y los cumple.

9

¿Busca a un Dios...

QUE LE GUÍE SIEMPRE?

■

¡Las cosas iban bien! Había pasado la mañana en un pequeño restaurante cerca de la marina donde a menudo voy a estudiar. La voz de Dios había sido tan renovadora y tan vibrante que me sentía increíblemente bien. Algunos días el sermón sale como cuando uno se entierra una astilla en un dedo. Por último, uno logra sacarla pero en el intento sangra, sufre y se queja.

Pero otras veces —y hoy era una de esas veces— los sermones vienen en oleadas. Los desarrollamos con la misma agilidad con que las tablas de surfing se deslizan sobre las olas. En tales momentos, preparar sermones es un gozo que uno no puede imaginarse si no es pastor.

Con el exuberante impulso que da una buena mañana de trabajo, me puse la ropa de correr y salí a recorrer mis acostumbrados diez kilómetros. Rápidamente alcancé el ritmo habitual de carrera. Un poco más adelante de mí, vi a un anciano cuya figura me era conocida. No podría decir cuántas veces había pasado a su lado, mientras él se concentraba en sacar tarros vacíos de la basura detrás del club de yates.

Habría corrido un par de kilómetros y empecé a sentir el rigor del ejercicio en mis piernas, así que comencé a orar: *Señor, te invito a que me hables en este momento. Si tuvieras algo que decirme, me gustaría oírlo.*

Estaba tan agradecido por el resultado del trabajo esa mañana que sentí que lo menos que podía hacer era silenciar mi corazón lo suficiente como para poder oír la voz de Dios.

Y de pronto...

¿Recuerdas al hombre que buscaba tarros vacíos en la basura?

Por supuesto, ¿cómo podría olvidarlo? Lo veo prácticamente todos los días.

Si lo ves de nuevo, exprésale amor.

Las palabras de Dios eran suaves, pero sentí como si me hubiera dado un ataque cardíaco espiritual. Al ordenarme que amara a ese hombre, Dios también me estaba regañando amablemente por *no* haberlo amado en el pasado. Instantáneamente vino a mi mente la parábola del buen samaritano, y la voz de Dios dándome el golpe de gracia.

Hybels, tú eres como el sacerdote, salvo que al pasar no rodeaste caminando al hombre herido sino que corriste *alrededor de él. Te sientes feliz en tu pequeño rincón del mundo mientras preparas un sermón para millares de personas pero pasas corriendo junto a la única persona que quiero que le expreses amabilidad.*

Me encontraba tan avergonzado, que casi dejé de correr. Pensé: *No quiero escuchar más a Dios*. Después de haber dado algunos pasos, me dije: «Quizá debiera volver, pero solo para hablarle a Dios. Es mucho más seguro».

Escuchar a Dios conlleva sus riesgos. Cuando Moisés era un anciano, Dios le dijo:

—Oye, Moisés, quiero que subas a la montaña.

—¿Por qué? —preguntó Moisés.

—Quiero que mueras aquí arriba.

Pausa. Silencio.

—Oye, Dios, ¿por qué mejor no nos reunimos en el valle?

¿Alguna vez se ha sentido así? Siempre. En realidad, creo que la mayoría de los que han escuchado a Dios fielmente han oído alguna palabra dura. Incursionando en mi conciencia, Dios no quiere que me enfríe o me distancie de mi esposa, me endurezca con mis hijos o me envanezca con mi personal.

Aprecio esos tiempos de corrección, los momentos en que la voz de Dios viene a mi vida como una marejada, no solo para reordenar los muebles sino para cambiar por completo el orden de mi confortable casa.

¿Por qué? Ustedes saben que el amigo que más aprecio es Dios. Y la Biblia dice: «Fieles son las heridas del que ama» (Proverbios 27.6). La dirección de Dios ha sido una de las más hermosas experiencias que he tenido jamás.

No le puedo decir cuán extraño me siento el día en que no oigo la voz de Dios susurrándome, A la izquierda, a la derecha... Con cuidado, que esa persona es delicada. *Sí, esa es la forma. Muy bien. Vamos a enfrentar el siguiente reto.*

No me puedo imaginar tener que «suponer» lo que tendría que hacer. No podría soportar el sentimiento de soledad de tener que hablar solo conmigo. El Dios que yo busco —y quizás el que usted busca— es un Dios que nos guía en las actividades diarias y en las interacciones de la vida.

■

Necesitamos un guía

Nuestro personal se encontraba en medio de una sesión de planificación para nuestro culto de mediados de semana y empezó a analizar las necesidades de las personas por las cuales se debía orar.

—Empleos, sugirió una persona.

—Preocupaciones económicas —señaló otra.

—Hay algunas personas con problemas de salud —convino un tercero.

—Vamos a dejar que se ponga de pie todo aquel que tenga que tomar una decisión importante —señaló alguien más.

Hubo un momento de silencio.

—¿Crees tú que alguien se va a levantar *por eso*? —preguntó un miembro del personal.

—Por lo menos debemos intentarlo —dijo otro miembro.

Así fue como el miércoles siguiente, de pie frente a la congregación, pregunté: «¿Cuántos de ustedes está por tomar una decisión importante? No estoy hablando de decisiones rutinarias como, por ejemplo, si me compro el traje que necesito ahora o espero cuando lo pongan en venta especial o cómo conseguir una hora para jugar. Estoy hablando de decisiones cruciales, que podrían tener serias repercusiones sobre ustedes o sus familiares en los próximos meses».

Para la sorpresa de nuestro personal, más de la mitad de la congregación se puso de pie. *¡Más de la mitad!*

Muchos nos encontramos en una encrucijada. Se ha dicho que somos hechos por las decisiones que tomamos y, en muchísimos aspectos, eso es verdad. Una vida bien vivida es una vida llena de buenas decisiones. A menudo una vida trágica está marcada por malos juicios.

Considere su reunión de graduados de segunda enseñanza. En mi reunión de veinticinco años, quedé estupefacto al ver cómo muchachos que a los diecisiete y dieciocho años eran vibrantes, optimistas y entusiastas, habían tropezado y caído en un mundo de divorcios múltiples, calamidades económicas, separaciones familiares y pesadillas vocacionales antes de alcanzar los cuarenta y cinco.

¿Dónde estuvo la bifurcación en el camino que los llevó a tales desastres? ¿Qué carretera se toma para viajar desde el posible gran señor de los negocios hasta el deudor que pide dinero prestado en un desesperado intento por salir de deudas? ¿Qué desvío lleva al padre amoroso y orgulloso de su hijo recién nacido a mirar a ese mismo hijo —ahora en su adolescencia— con una frustración que bordea el disgusto?

Por supuesto que había un buen número de muchachos que estaban disfrutando del fruto de sus buenas decisiones. Pero era espantoso contemplar a muchos que habían sido arrastrados por la marea de decisiones equivocadas.

Lo que estoy tratando de señalar es que *necesitamos un guía*. En un mundo tan confuso como el nuestro, necesitamos a alguien que pueda mirar desde lo alto y decir: «¡Oye, es mejor que dobles a la izquierda! Más adelante hay problemas en el camino».

■

Dios guía

Difícilmente va a leer una página de la Biblia sin encontrar una situación en que Dios está guiando a alguien. A Noé se le dijo que construyera un arca, y se le dijo exactamente cómo tenía que construirla. A Abraham se le dijo que saliera de su país y se fuera a una tierra que Dios le mostraría. Dios guió al siervo de Abraham para que pudiera encontrar a una esposa para Isaac. Israel fue guiado en su viaje fuera de Egipto por una columna de nube en el día y una columna de fuego en la noche.

Muchos pasajes poco conocidos del Antiguo Testamento son a menudo ejemplos sorprendentemente detallados de la dirección de Dios. A una sociedad primitiva Dios le estaba diciendo: «Si te enfermas, así será como te sanarás y protegerás a otros para que no se contagien. Si tienes hambre, esto es lo que podrás comer. Si quieres adorar, esta es la forma en que debes hacerlo».

Cuando llegó el momento en que Salomón construyera el templo, Dios le dio instrucciones específicas, con incluso las dimensiones de los utensilios del templo. ¡Hasta Jesús buscó la ayuda de Dios! Él estuvo orando toda una noche antes de escoger a sus discípulos.

El libro de Hechos podría titularse perfectamente «El libro-guía». En primer lugar, los apóstoles son guiados a esperar hasta que sean revestidos del Espíritu Santo. Luego, después que se encarcela a dos apóstoles, Dios envía un ángel para que los saque de la cárcel. Antes de proceder al nombramiento de diáconos, los apóstoles buscan y reciben la dirección de Dios. Dios instruye a Felipe para que vaya a un lugar donde podría hablarle de Cristo a un alto funcionario etíope. Ananías es guiado para que vaya a orar por Saulo el perseguidor, quien más tarde se convertiría en el apóstol Pablo. Pedro es guiado para que entre a la casa de Cornelio aun cuando hacerlo estuviera en completa contravención con la tradición judía.

Una y otra vez podríamos ir demostrando el aspecto dinámico de la dirección de Dios. Isaías 58.11 dice: «Jehová te pastoreará siempre». Y el Salmo 25.12 agrega: «¿Quién es el hombre que teme a Jehová? Él le enseñará el camino que ha de escoger».

Es una dirección así la que hace que nuestra fe cristiana sea algo vivo. Una vez que llevaba los niños a casa en mi automovil empezaron a hacer algunas cosas que ponen a los padres al borde de la locura. Se pinchaban el uno al otro, gritaban, pateaban los asientos y otras partes del auto. Me tenían cansado, pero los dejé que siguieran jugando. Puse primera: «Ya he tenido suficiente con ustedes...» Luego pasé a segunda: «Además...» Luego brinqué a tercera: «Y aparte de eso...» Por último, puse cuarta: «Y una última cosa...»

Mi reprimenda duró hasta que estacioné el auto. Habiendo perdido la paciencia y la compostura, mi voz alcanzó niveles casi de rugido cuando les dije a los niños: «¡Adentro, y directo a la cama! ¡No quiero escuchar ni una palabra!»

Mi hija, Shauna, avanzó unos pasos y sin darle mucha importancia a la situación, dijo: «Lo siento, papá». Todd, en cambio, que ya tenía siete años y posee un corazón particularmente tierno, empezó a llorar, tratando de no dar a conocer lo apenado que estaba, y luego casi me rompió el alma cuando con tristeza estiró su pequeña mano para tocarme el brazo.

En ese momento Dios se encargó de mí. El toque de la mano de Todd fue en realidad una pregunta: ¿Había algo de amor en mi corazón para él? He sido muy duro, y lo reconozco. El Espíritu de Dios irrumpió a través de mi ira para corregirme: *Ten cuidado, Bill. Tienes que preocuparte de la mala conducta de tus hijos, pero no de esa manera. ¿O no recuerdas con cuanta amabilidad te ha tratado tu Padre en tus propios malos comportamientos?*

Diez minutos más tarde entré en el cuarto de Todd para hablar con él:

—Se portaron mal en el auto.

—Lo sé, papá, lo sé.

—Déjame terminar —lo interrumpí—. Pero yo también me porté mal. Fui demasiado duro con ustedes. ¿Me perdonas? —le pregunté.

Todd puso sus pequeños bracitos alrededor de mi cuello y no me soltó. Ese abrazo de treinta segundos fue el mundo para mí. Y vino como resultado directo de escuchar y recibir la dirección de Dios en algo tan práctico como ejercer la paternidad.

El mismo Dios que me guía a mí quiere guiarle a usted. Dediquemos algunos momentos a hablar sobre cómo podemos recibir su dirección.

■

Cómo ser guiado por Dios

Lo primero que tenemos que hacer para recibir la dirección de Dios es *reevaluar nuestro actual sistema de dirección.* ¿Ha estado alguna vez en un vuelo de una aerolínea comercial y ha oído a la aeromoza decir: «Se ruega apagar todas las computadoras, los teléfonos celulares y los juegos electrónicos»? La razón, explica ella, es que esos aparatos pueden interferir con el sistema de dirección del avión. Y la competencia entre sistemas de dirección, sobre todo cuando se encuentra a veinte mil pies en el aire por lo general conduce a problemas.

Lo mismo ocurre cuando tenemos más de un sistema para que nos guíe. Algunos somos guiados por la filosofía «Tomaré el curso en mi vida que sea más fácil y que me cause menos dolor». Otros se inclinan por decir: «Seguiré el camino menos arriesgado». Y aun otros dicen: «Dejaré que los que me rodean elijan el camino por mí».

Quizás algunos no estemos aún conscientes de por qué tomamos las decisiones que tomamos y quizá sea tiempo de que decidamos no seguir guiándonos por lo más fácil, lo menos arriesgado o lo más popular. Quizás ha llegado el tiempo de comprometernos a seguir el camino que Dios nos indique que sigamos. Proverbios 3.5-6 dice: «Fíate de Jehová de todo tu corazón, y no te apoyes en tu propia prudencia. Reconócelo en todos tus caminos, y Él enderezará tus veredas».

El segundo paso para recibir la dirección de Dios es *cultivar sabiduría*. Algunos somos nuestros peores enemigos cuando se trata de buscar la dirección de Dios. Por ejemplo, entendemos mal Proverbios 3.5-6 cuando creemos que quiere decir que Dios desea que seamos débiles y dependientes en todas nuestras decisiones. Eso no es verdad. Dios quiere guiarnos de forma tal, que nos hagamos maduros y sabios.

Una vez un hombre que conozco fue forzado a confrontar un dolor de su infancia que solo podría describirse como apocalíptico. Comenzó como algo totalmente inocente. Él y su pequeño hijo estaban trabajando juntos en un proyecto. Instintivamente, se encontró pasándole todas las herramientas a su hijo. Por alguna razón, él era demasiado duro para guiar a su hijo en el trabajo, en lugar de sencillamente dejarlo que hiciera las cosas solo. De repente se llenó de una ira que lo asustó.

Poco después, se fue a un lugar retirado y trató de explicarse lo que había ocurrido. Y entonces recordó que cada vez que él y su padre habían trabajado juntos en alguna cosa, su papá nunca lo había dejado trabajar. Después de algunos minutos de dedicado esfuerzo, su padre se ponía de pie y le decía en un tono brutal y condenatorio: «Hijo, dedícate solo a pasarme las herramientas».

Debido a que su padre hacía todo el trabajo, cada vez que había tratado de hacer algo se sentía disminuido en su capacidad. Al crecer, sin embargo, había aprendido la lección y entonces hacía exactamente lo opuesto con su hijo. Le decía: «Te pasaré las herramientas y te enseñaré a usarlas. Te guiaré con paciencia, pero el trabajo lo harás tú, y así, con el tiempo, serás capaz y al mismo tiempo tendrás confianza en tus capacidades».

Dios tiene esta misma actitud con nosotros. A Él no le agrada la debilidad disfrazada de dependencia. Hay una sutil pero significativa diferencia entre esas dos realidades. Me he encontrado con muchas personas que cuando llegan a una encrucijada oran: *Oh Dios, dame visión, pero dámela ¡ya!* Y cuando no ocurre nada, toman su Biblia y oran: *Oh Dios, haz que se abra en la respuesta*, y abren la Biblia y leen una página completa sobre la cantidad de pies cúbicos que tenía el atrio del templo.

Casi desesperados, oran de nuevo: *Dios, envía a alguien que tenga una palabra de ti y que me la pueda decir para saber lo que tengo que hacer.* Pasa todo el día y nadie les habla, así que cuando se van a acostar dejan caer la cabeza en la almohada y de pronto se ponen místicos. *Está bien, Dios,* oran, *necesito desesperadamente un sueño. Dime en él lo que tengo que hacer.*

Por la mañana lo único que pueden recordar es que todavía no saben qué hacer. Con un signo de desesperación, buscan en sus bolsillos, encuentran una moneda y la lanzan al aire.

Esa no es la forma en que Dios quiere que vivamos. A tales personas, Dios les responde: «No quiero guiarte de esa manera. Te haría débil y dependiente en una forma poco saludable. Si te guiara de esa forma, no serías diferente a un pequeño niño o aun a un animal sin inteligencia».

El plan de Dios al guiarnos es que crezcamos gradualmente en sabiduría antes que lleguemos a los cruces de caminos. La sabiduría de Dios dice: «Desanda el camino todo lo que puedas antes que llegues a una decisión. Luego, a medida que te acercas a la encrucijada, lee los letreros que emplearé para guiarte al destino correcto».

¿Letreros? Sí, letreros.

Letrero número uno: la Biblia

Sé lo que muchos de ustedes están pensando. Tan pronto como les digo que el primer letrero es la Biblia, sienten una irrefrenable urgencia de bostezar. «¡Qué aburrimiento! Vamos, Hybels, ¿no nos puede dar algo un poco más interesante que eso?»

Pero sería un irresponsable si no les señalara la forma más segura, más productiva y más eficaz de recibir la dirección de Dios, la Biblia. Casi todo lo que necesitamos saber está allí. A menudo lo único que no incluye son los detalles. En términos generales, Dios ya nos ha dicho cómo quiere que vivamos, amemos, hablemos, cuidemos de nuestro cuerpo, administremos nuestro dinero, oremos, funcionemos como miembros de una familia o de un trabajo, y muchas otras cosas.

A veces me quedo perplejo por la cantidad de decisiones que tomamos que no son prudentes. La Biblia nos señala con toda claridad el curso de acción. Si alguien me dijera: «¿Vendo mi casa y uso el dinero para comprar boletos de lotería?», le digo con absoluta seguridad: «Dios le daría a esa persona un rotundo ¡No!» Las Escrituras son claras respecto a los esquemas para «hacerse rico de la noche a la mañana» o intentar ganarnos la vida a través de juegos de azar.

Otra decisión carente de inteligencia es cuando alguien titubea acerca de si decirle a un posible cliente la verdad o mentirle. No tiene que sufrir todo el día en esa encrucijada, tratando de ver qué le conviene más. Sencillamente tiene que decirle la verdad.

Si eres discípulo de Cristo, ¿se casaría con alguien que no es parte de la familia de la fe? 2 Corintios 6.14 dice con toda claridad que «no» (por razones que muy pronto llegan a ser dolorosamente obvias).

La ruta más clara y más directa a la dirección de Dios es a través de su Palabra revelada, la Biblia. Si no le hacemos caso, es a nuestro propio riesgo. Pero a veces necesitamos una dirección más específica sobre cómo *aplicar* la Biblia, y para eso, Dios nos da su Espíritu Santo.

Letrero número dos: el testimonio del Espíritu Santo

La segunda señal que Dios nos da es el *testimonio del Espíritu Santo*. Puesto que la *obediencia* es la palabra clave de la Biblia, la palabra clave del Espíritu Santo es *creer*. Necesitamos creer en el poder guiador del Espíritu Santo, que Jesús promete en Juan 15.26.

Esa forma de dirección puede hacer que alguien se sienta un poco receloso. Si así se siente usted, no está solo. Muchas personas se sienten desalentadas acerca del ministerio del Espíritu Santo, pero no tiene por qué ser así. Créame en esto: Las visiones y las palabras audibles brotando de las nubes *no son* su método acostumbrado. (Yo jamás he experimentado ni lo uno ni lo otro.) Dios tiende a guiarnos *a través de impulsos espirituales apacibles.*

Esto sí lo he experimentado. A través de este libro ha leído muchos de esos incidentes, pero uno de los más importantes ocurrió hace veinte y tantos años cuando estaba en camino de ser un hombre de negocios. Los dos primeros años en la universidad los dediqué a estudiar economía y administración de negocios. Quería seguir las huellas de mi padre y llegar a participar en los negocios de la familia.

El Espíritu Santo me dio un inconfundible tirón cuando me guió a ayudar a un amigo a establecer un grupo de jóvenes. Ese fue un abandono radical de mis primeros planes, pero seguí su liderazgo y planeé servir en el ministerio a los jóvenes por el resto de mi vida. Pero entonces el Espíritu Santo empezó a inquietarme de nuevo, esta vez para fundar una iglesia en un cine (me causó risa cuando pensé en esa posibilidad por primera vez).

Alguien podría preguntar: «Está bien, Bill, pero ¿cómo era eso? ¿Qué sentiste?» La mejor forma de describirlo es que el Espíritu Santo por lo general atrae su atención creando un sentimiento de inquietud en su corazón. Ese sentimiento de inquietud puede hacer que se aquiete y escuche. Luego, después que haya recibido la insinuación, empieza a «rumiarlo» cuidadosamente y en actitud de oración. Si empieza a sentir un creciente sentimiento de paz significa que esa dirección viene de Dios. Entonces comienza a moverse en esa dirección. A medida que avance, trate de comprobar si la paz que sintió se hace más firme. Si es así, siga avanzando; de lo contrario, afloje el paso.

A veces, lo hacemos parecer más difícil de lo que es. Después de todo, Dios nos creó y Él nos conoce mejor que nadie. Él es claramente capaz de comunicarse con cada uno de nosotros en tal forma que podamos entenderlo.

Déjeme agregar aquí una advertencia: Los nuevos creyentes en especial necesitan ser muy cuidadosos sobre esa clase de dirección. Una persona me dijo una vez que «Dios me está llamando para que abandone mi trabajo y vaya a las esquinas de la ciudad de Chicago a predicarle a la gente. Y también me dijo que alguien se encargaría de velar económicamente de mi esposa y de mis hijos».

Lo miré y lo amé por su sinceridad y decisión de correr el riesgo, pero me dio pena su falta de sabiduría y comprensión de las Escrituras. Específicamente la Biblia afirma que si no proveemos para nuestra familia somos «peores que los incrédulos». Respetuosamente tuve que decirle a aquel hombre: «Me temo que usted tiene las líneas cruzadas». Si en verdad el Espíritu Santo lo estaba tocando, es probable que Dios hubiera añadido confirmación sobre cómo serían atendidas las necesidades de su familia. Por lo general, Dios no nos pide que actuemos como esquizofrénicos espirituales y probemos nuestra «fe» violando deliberadamente un compromiso fundamental en otro aspecto de nuestra vida.

Lamentablemente, algunos oímos una historia como esa y actuamos con exceso de celo. Ojalá que nunca nos expongamos a esos impulsos místicos. Sería trágico porque si los pasamos por alto nos vamos a extraviar en la verdadera dimensión de la dirección de Dios que hace del cristianismo una aventura.

Letrero número tres: el consejo de personas sabias

El tercer letrero es *el consejo de personas sabias*. Proverbios 24.6 dice: «Porque con ingenio harás la guerra, y en la multitud de consejeros está la victoria». Proverbios 12.15 lo dice en un lenguaje un poco más llano: «El camino del necio es derecho en su opinión; mas el que obedece al consejo es sabio».

El escritor de Proverbios reconoce que casi todos tratamos diligentemente de llegar a ser el tipo de personas que Dios quiere que seamos y llevemos a cabo la obra que Él quiere que completemos, pero a menudo tenemos zonas espirituales ciegas que retardan nuestro progreso. A menudo, Dios nos mantiene en el camino a través de guiarnos por el consejo de amigos y consejeros espirituales confiables. (Podría escribir todo un capítulo acerca de cómo Dios ha usado personas en mi vida para darme aliento, regañarme y ayudarme a entender la dirección de Dios.)

Necesitamos ser cuidadosos. Cada iglesia tiene su manojo de «consejeros autoproclamados», esa clase de personas que no son reconocidos por los líderes de las iglesias pero que disfrutan tratando de imponerte su voluntad. Tal consejo es a menudo tan valioso como lo que cuesta: nada.

También debemos evitar la trampa que nos lleva a esperar demasiado por la vía del consejo. Quizás inconscientemente tratamos de pensar: «Dios no me va a decir cuáles son sus planes, así que necesito buscar a un cristiano sabio que me diga lo que tengo que hacer». Eso nos lleva de vuelta a la trampa de la «dependencia débil y excesiva». Por favor, sea cuidadoso.

La responsabilidad de tomar decisiones sigue sobre nuestros hombros. La actitud más sabia es hablar a varias personas que sabemos que son sabios y piadosos, y decirles: «Tienes más experiencia que yo en este aspecto. Conoces a Dios y me conoces a mí. Conoces mis limitaciones y mis puntos ciegos. ¿Me podrías dar alguna orientación?» Entonces, luego de oír el consejo, considerarlo cuidadosamente y decidir el peso que se le va a dar.

Note que dije «personas» (plural), no «persona» (singular). He aprendido la dura verdad de que mi vida se beneficia más si tengo múltiples mentores espirituales que si tengo solo uno. Todos nosotros —incluso los más maduros— tenemos nuestros puntos débiles, y la belleza del Cuerpo de Cristo es que usted puede «buscar y escoger» según su necesidad. Piense en la iglesia como una fuente de sabiduría.

Por ejemplo, mi mentor teológico durante veinticinco años ha sido el doctor Gilbert Bilizikian. Él me ofrece mejor asistencia teológica que cualquier otra persona que haya conocido. Pero cuando estoy tratando de decidir qué hacer con mis hijos, llamo a un miembro de mi iglesia que es el mejor padre que conozco. Si tengo que tomar una decisión financiera, hablo con otra persona. Si tengo falta de claridad emocional, paso una sesión con un consejero cristiano sabio.

Esto debiera ser cosa de sentido común. Mi oftalmólogo puede aconsejarme sobre lentes correctivos, pero no acudo a él para que me diga cómo plantear mi estrategia para ganar la próxima regata. Por el otro lado, no le pregunto a mi consejero en navegación cómo puedo reconciliar el libro de Santiago con los escritos de Pablo.

Trate de conseguir la mejor asesoría que pueda, pero recuerde que un buen consejo es solo uno de los letreros. Hay otros que necesitamos tomar en cuenta, tales como el letrero número cuatro: nuestro diseño exclusivo.

Letrero número cuatro: nuestro diseño exclusivo

A menudo Dios revela su dirección para nuestra vida mediante la forma en que nos hizo. La maravillosa verdad detrás de esto es que Dios empezó a guiarnos aun antes que naciéramos. Al crearnos con una personalidad determinada y talentos exclusivos, Él ya puso nuestro camino en movimiento.

El Salmo 139.14 dice que somos hechos «temerosa y maravillosamente», pero no dice que todos somos hechos *iguales*. Usted es único, original, hecho a mano, con dones, habilidades y talentos diferentes de los de cualquier otra persona en la historia de la civilización.

Greg Ferguson es uno de los cantantes y compositores de himnos de la iglesia. A menudo él y yo trabajamos juntos y también conversamos mientras corremos. Un día le pedí que me contara cómo se había desarrollado su día de trabajo. En los siguientes minutos me describió su día. Canta comerciales para radio y televisión y hace grabaciones de estudio en el centro de Chicago. A medida que iba hablando, mis piernas se iban aflojando. Somos buenos amigos, así que le dije: «Greg ¡yo odiaría tu trabajo!»

Greg respondió con un «Bueno, cuéntame *tú* día de trabajo». Así que lo llevé a través de lo que era un día de trabajo mío: estudio, reuniones, sesiones de estrategia, planear el presupuesto. Cuando íbamos por ahí, él me interrumpió para decirme: «¡Yo odiaría tu trabajo. Ni por un millón de dólares haría eso!»

¿Sabe una cosa? Creo que Dios estaba sonriendo durante nuestra conversación. En realidad, apuesto a que Él se *deleitaba* absolutamente con que dos creyentes reconocieran que su Creador les había dado dones y deseos diferentes.

Amo lo que hago, y el hecho de que a Greg no le gustaría hacerlo no cambia ni un ápice las cosas. Y viceversa.

Hace poco regresaba a casa en avión cuando el placer de mi llamamiento se apoderó de mí. Incliné la cabeza y oré: *Dios, no me puedo imaginar en otro lugar en el que me sienta mejor que el que tú me diste. Hay tantos retos en Willow Creek. Hay tanta creatividad y vida. En realidad la amo. Gracias por dirigir mi vida exactamente como lo has hecho.*

Si yo tratara de sacar a Greg de su profesión, posiblemente odiaría la vida. (Y le pasaría lo mismo a todo el que tuviera que oírme cantar a mí.)

Cada uno de nosotros necesitamos preguntar: «Dios ¿cómo se ajusta la forma en que tú me hiciste con la decisión que tengo que tomar? ¿Estará a tono con aquello para lo cual tú me hiciste, o va a resultar en nada más que frustración para todos los que se vean afectados?»

Uno de los líderes más dinámicos en el Nuevo Testamento es el apóstol Pablo. Afortunadamente para nosotros, lo conocemos desde antes que se convirtiera, lo cual nos permite entender bastante bien su personalidad. Pablo vivió intensamente. Cuando se comprometía con algo, ¡cuidado! Como buen judío que era, pudo haber decidido mantenerse alejado de los cristianos. Pero él era del tipo fervoroso. Su meta no era sencillamente evitar el contacto con los discípulos de Cristo. Su plan era *borrarlos del mapa.* Y en eso andaba cuando se encontró con Cristo en el camino a Damasco.

Después de su conversión, ¿piensa que Dios habría querido tomar a alguien con la intensidad de vida de Pablo y ponerlo en la biblioteca de un seminario a limpiar el polvo de los estantes? No lo creo. Dios lo dirigió a lugares hostiles y a establecer iglesias que pudieran cambiar la vida de las personas de esas comunidades, y esencialmente dirigir de nuevo todo el curso de la historia. Esa tarea pudo haber destruido a una persona de hábitos tranquilos, pero a Pablo lo llenó de energía. El camino de Dios para su vida fue perfecto para su forma de ser.

Cuando tengamos que tomar decisiones, debemos recordar nuestra condición de únicos. La forma exclusiva en que fuimos hechos es el letrero más importante que contribuirá a la dirección total de Dios.

■

Ponerlo todo junto

¿Qué hacer después que hemos aceptado que Dios nos guíe? ¿Aplicamos la Biblia, esperamos la dirección del Espíritu Santo, hablamos con consejeros sabios e inventariamos nuestro propio carácter, pero todavía no estamos seguros de hacia dónde nos está guiando Dios? Permítame darle algunas ideas adicionales.

En primer lugar, si tiene que tomar una decisión, *aplique su propio juicio*. Mateo 10.16 nos dice que tenemos que ser «prudentes como serpientes, y sencillos como palomas». Trate de tomar la mejor decisión con la guía que tiene. Seguramente Dios le estará apoyando para ayudarle a desarrollar su capacidad de decidir y evitar la dependencia dañina y debilitante de que hemos hablado antes. Leyendo el Salmo 37 podrá encontrar pistas que le ayuden cuando esté en una encrucijada. Ese salmo promete que Dios nos dará el deseo de nuestro corazón. Si ha buscado sinceramente la dirección de Dios y le ha dado tiempo para que le hable y todavía sigue en la incertidumbre, sencillamente debiera preguntarle: *Ya que sé que esta decisión no tiene una instrucción bíblica clara, ¿qué quiero hacer?* Sus deseos pueden ser un indicador legítimo de la dirección a tomar.

En segundo lugar, *recuerde que los sentimientos de deleite no siempre confirman la dirección de Dios.* He oído a la gente decir: «Sé que Dios me guió a este trabajo, pero estoy ganando menos en comisiones que lo que ganaba en el otro trabajo, así que no sé... Quizá cometí un error». Algunos líderes cristianos son guiados a comenzar iglesias pero después de cinco años siguen siendo un grupito de personas luchando por sobrevivir. ¿Significa eso, necesariamente que equivocaron el llamado de Dios?

Dios no promete que obedecerle nos llevará de inmediato al éxito o al deleite. A veces, la obediencia puede llevarnos a retos bastante difíciles. A Jesús, la obediencia lo llevó a la cruz, a Pablo, la obediencia lo llevó a Jerusalén, aun cuando él sabía que probablemente lo matarían. Pero dijo: «Sé cuál es la voluntad de Dios, y que va a ser sumamente dolorosa, pero seguiré sus instrucciones, pase lo que pase».

En tercer lugar, *disfrute de la búsqueda.* Constantemente estoy encontrando personas que odian estar bajo la tensión de no conocer la voluntad de Dios y desesperadamente brincan ante la primera suerte de resolución que parece presentarse. Estas son las personas que cuando comienzan la escuela de segunda enseñanza ya quieren saber a qué universidad van a ir, y cuando están en los últimos años de la universidad desean conocer cómo será su futuro cónyuge.

La vida no siempre funciona de esa manera, así que es mejor disfrutar de la aventura de ser guiado por Dios. Pruébele, gócese en ella, valore el hecho de que a menudo el viaje es mucho más emocionante que llegar al lugar de destino.

En Willow Creek hubo un período de unos seis meses en que no tuve ningún indicio de que Dios hubiera estado guiando la iglesia. En las reuniones de la junta, yo decía: «Me gustaría darles un mejor sentido sobre dónde creo que Dios quiere que vayamos; sin embargo, para ser sincero, sencillamente no lo sé». Gracias a Dios nuestros líderes estuvieron de acuerdo con esa explicación. Así que oraron juntos y pensaron hasta que finalmente la dirección de Dios se hizo clara a todos nosotros. Mirando ahora hacia atrás, vemos que aquella fue una etapa emocionante.

Por último, *encuentre consuelo en la providencia de Dios.* Algunos tenemos la tendencia a exagerar las consecuencias de tomar una decisión equivocada. Dios es un buen guía, pero es también un buen «reparador». Romanos 8.28 dice: «Y sabemos que a los que aman a Dios, todas las cosas les ayudan a bien, esto es, a los que conforme a su propósito son llamados». Eso no quiere decir que debiéramos ser arrogantes en cuanto a las decisiones que tomamos, pero sí que después de considerar seriamente todos los letreros con los cuales Dios nos ha guiado, podemos tener confianza de que Él puede enseñarnos y ayudarnos a crecer, aunque tomemos un camino equivocado. Y como Dios puede abrir nuevos caminos y crear nuevas carreteras, no estaremos nunca totalmente amarrados a un lugar en donde Él no nos pueda alcanzar. Es posible que tengamos que sufrir unas pocas (o unas muchas) consecuencias negativas, pero aun entonces, no tenemos por qué sufrir solos. Dios estará allí, a nuestro lado.

El Dios que usted busca no esconde su guía en medio de las estrellas. No la oculta dentro de una bola de cristal. No es caprichoso como una moneda lanzada al aire. Nos guía de una forma que, con el tiempo, nos ayudará a ser más sabios y más maduros. Él nos guía por caminos que nos llevan a encontrar relaciones y vocaciones e iglesias que lo honran.

Todo esto es parte de un viaje increíble, el viaje de caminar con un Dios que es todo poder, todo conocimiento y que siempre está presente; que es generoso y justo y que cumple sus compromisos; y que nos guía en cada paso del camino.

10

¿Busca a un Dios...

QUE DA SIEMPRE?

■

«Jenny» era una joven mujer hermosa, competente, confiada y dinámica. Mientras hablábamos, surgió el tema del matrimonio y de la familia.

—¿Es algo que usted ve en su futuro? —le pregunté—. O está más empeñada en lograr una carrera?

—¡Oh, no! Me gustaría conocer a alguien y comenzar un compromiso que pueda terminar en matrimonio. Eso sería maravilloso, pero dudo mucho que pueda llegar a ocurrir.

—¿Por qué? —volví a preguntarle, sorprendido por la seguridad con que lo decía. No podía imaginarme que pudiera tener algún problema para atraer un amigo.

—He salido con un montón de hombres —dijo—, y he llegado a la conclusión de que todos los hombres pueden ponerse en una de dos categorías: los que dan y los que toman. Hasta ahora solo me he encontrado con los que toman, y no tengo intenciones de comprometerme con ninguno de ellos.

Recordaba esa conversación mientras disfrutaba de las vacaciones de verano con mi familia en Michigan. Durante esas semanas andaba de «incógnito». Pocas personas saben que soy pastor. Mientras camino por el estacionamiento de botes y por la playa se me presentan por lo general oportunidades de establecer amistades y a veces de hablar de mi fe.

Un día conversaba con un amigo sobre todo lo que Cristo ha hecho en mi vida, y concluí la charla diciendo: «¿Sabes, Bob? Tú también puedes tener esa misma relación con Jesucristo. Lo único que tienes que hacer es abrir tu corazón y decirle a Dios que lo necesitas y así podrás comenzar una vida totalmente nueva».

Bob me miró como si yo lo hubiera invitado a almorzar en la luna.

No era la primera vez que alguien reaccionaba así a mis palabras. Aun así, periódicamente me siento confundido. Dios me ha dado tanto que me es difícil entender por qué alguien no querría conocerlo. Me siento tan orgulloso de quien es Él, y estoy tan consciente de lo generoso que es con su pueblo, que a veces me quedo perplejo cuando alguien me dice que simplemente no está interesado.

A medida que Bob y yo analizábamos su apatía se fue haciendo claro el punto central de su actitud. En la mente de Bob, Dios era evidentemente un «tomador» en lugar de un «dador». Bob había hecho cálculos y había llegado a la conclusión de que perdería mucho más de lo que podría ganar si entregaba su corazón a Cristo. *Dios es un ser que exige*, pensaba, *y tiene una gran cantidad de leyes y prohíbe un montón de cosas agradables.*

Como Jenny, Bob se preguntaba: *¿Quién querría relacionarse con un «tomador»?*

■

El Dios que da

Para serle sincero, me siento de alguna manera confundido que a estas alturas todavía tengamos que analizar este asunto. Tratar de probar que Dios es un dador es como tratar de probar que Billy Graham es evangelista, y que John Grisham es escritor, y que Michael Jordan puede jugar baloncesto. Es tan obvio que nadie desearía discutir sobre tales cosas.

Lamentablemente, la sabiduría tradicional todavía lo ve de otra manera. Si después de este punto en este libro, usted sigue siendo un buscador, es posible que, al igual que Jenny, esté cansado de relacionarse con un «tomador» y que, como Bob, todavía vea a Dios como él lo ve.

Si ese es su caso, espere un momento. Todavía tenemos mucho que tratar. A lo largo de la Biblia se nos enseña, entre otras cosas, que la generosidad de Dios es *maravillosa* y que *continúa hasta la eternidad.*

La generosidad de Dios es maravillosa

Efesios 1.6 dice: «Todo alabe a Dios por su maravillosa gracia» (traducción libre de *The Living Bible*). Nótese que Pablo no dice «de su mínima gracia». Él no está sugiriendo que la gracia de Dios está ahí en el caso de que no haya otra gracia disponible. Al contrario, Dios se deleita en dar pródigamente. Las personas se emocionan cuando reciben un regalo generoso. Cuando encuentran el regalo generoso y abundante de Dios, quedan sin aliento y maravillados, y dicen: «Oh Dios. ¡Qué Dios! ¡Qué Dios tan extrañamente generoso!».

Sus dones generosos

Mi hija enfermó seriamente de mononucleosis durante su primer año en la universidad, hasta el punto que tuvimos que trasladarla de su casa en la costa oeste. Durante siete semanas permaneció acostada de espaldas, pero cuando tuvo un poco de fuerza, empezó a llegar a mi oficina y a dejar notas por todas partes. Yo las encontraba debajo de la mesita del teléfono, encima de mi escritorio, y en mi maletín. Las notas decían: «Te amo, papá» o «Nunca ha habido una niña que ame más a su papá que yo». Las encontraba por todos lados.

Su generosa expresión de amor me emocionaba. Todavía recuerdo cuando me sentaba en la silla de mi escritorio y movía la cabeza y pensaba: *Qué cosa más maravillosa es ser padre de una hija que tenga tal clase de amor por mí. ¡Qué regalo, Dios mío!*

Dios hace esas cosas en forma rutinaria. Pega papelitos por todas partes. En otoño pinta las hojas de los árboles para ti, y dice: «Te amo». Responde nuestras oraciones, y nos dice: «Te amo». Nos da fuerzas cuando nos sentimos débiles, y dice: «Yo te amo». Cuando adoras en la iglesia y tienes un momento de profunda emoción, Él dice: «Yo te amo».

Por muchos años, durante las mañanas, paso algún tiempo dándole gracias a Dios por su generosidad hacia mí. A menudo escribo las siguientes iniciales en mi libreta de notas, ellas representan mi expresión de gracias: S.A.S.DE.ES.VE. y WCCC. que quieren decir: salvación, adopción, santificación, dones espirituales, el Espíritu Santo, la vida eterna, y la *Willow Creek Community Church*. Cada vez que escribo estas letras experimento un profundo sentimiento de gratitud hacia el Señor por su generosidad conmigo. Después de estas manifestaciones de su bondad, sigue una lista de bendiciones materiales y de relaciones personales, las que agradezco a Dios una por una. Cuando termino esta parte de mi rutina de oración, me siento nuevamente impresionado por la maravillosa generosidad de Dios.

Dios nos da esos dones con liberalidad generosa. Y según sus promesas, podemos contar con ellos en el tiempo venidero.

La dádiva de Dios es continua

Por *continuo* quiero decir que la generosidad de Dios no se agota. Lamentaciones 3.23 dice que las misericordias de Dios son nuevas cada mañana. La generosidad de Dios no es como la puesta de sol, brillante en su intensidad pero menguando con cada segundo que pasa. La generosidad de Dios se mantiene viniendo, viniendo y viniendo. Cuando despierte mañana por la mañana, no habrá menos generosidad esperando que la que hubo la mañana anterior. Dentro de diez años, la generosidad de Dios seguirá alcanzando a la gente con la misma generosidad con que lo hace hoy.

La última estrofa del himno «Sublime gracia» dice:

Y cuando en Sión por siglos mil
brillando esté cual sol,
yo cantaré por siempre
allí su amor que me salvó.

Una de las cosas más difíciles sobre la vida en la tierra es que casi tan pronto como algo bueno empieza a suceder, ya se acaba. Espera con ansias la próxima semana cuando unos viejos amigos le visiten. Y la próxima cosa que estará haciendo será despidiéndolos en la puerta de su casa. Una novia sueña durante meses con su boda, y la ceremonia se acaba antes de una hora. Los padres se emocionan pensando en el momento que van a entregar a sus hijos los regalos de Navidad, pero el ruido del papel que se rompe y el grito de los niños se transforma en silencio antes del desayuno.

Así *no* es la naturaleza de la generosidad de Dios. *Diez mil años* después que la celebración haya comenzado todavía no habremos comenzado a gastar el tiempo de que disponemos para agradecerle, porque la generosidad de Dios se extiende por la eternidad.

¿Está empezando a entender lo que trato de decirle? En el momento mismo en que se encuentre con el verdadero Dios, va a descubrir que Él es un dador. Y cuanto más lo conozca y cuanto más se prolongue su vida de relación con Él, tanto más se va a arrodillar para adorarlo por su increíble generosidad.

Pero en algún punto de su camino en este viaje espiritual se va a dar cuenta de otra cosa con relación a Dios: Él quiere hacer de usted y de mí personas generosas. Quiere que también lleguemos a ser dadores. Y esa es una orden inimaginable para algunos de nosotros.

■

Transformados en dadores

Hace algunos años mi hija Shauna se clavó una espina en la palma de la mano. Le dolía, pero cuando vio la aguja y las pinzas que habíamos buscado para extraérsela, le dio la impresión de que el remedio se veía peor que la enfermedad, así que mantuvo cerrados sus deditos.

Para sacarle la espina, Lynne y yo tuvimos que estirar cada uno de sus dedos y luego mantenérselos abiertos mientras yo trataba de sacarle la espina lo más rápido que podía. Si le permitíamos mantener la mano cerrada, podría infectársele; así que para sanarla, teníamos que obligarla a mantener la mano abierta.

Dios enfrenta el mismo dilema con nosotros. Él sabe que casi todos por naturaleza somos personas cerradas. Y sabe también que experimentaremos una clase de alegría profunda y satisfactoria cuando abramos nuestras manos a las necesidades de quienes nos rodean. Pero a fin de mostrarnos ese gozo Él tiene a menudo que obligarnos a abrir los dedos uno por uno.

¿Cómo lo hace? En Lucas 19 tenemos un caso en el que Jesús abrió las manos cerradas de un «agarrado» llamado Zaqueo.

Zaqueo tenía la ventaja sobre la mayoría de los «agarrados» en que era un recolector de impuestos. Por aquellos días, los recaudadores de impuestos tenían una licencia oficial para ser extorsionistas legales. Se les permitía cargar a los impuestos que las personas tenían que pagar al gobierno cualquier otro porcentaje que ellos quisieran cobrar. Si alguien se resistía, lo metían en la cárcel.

Mientras comía con Jesús, Zaqueo al parecer estaba con los puños completamente apretados, pero antes de poner sobre la mesa la servilleta con que se había limpiado la última brizna de comida de sus labios, declaró públicamente que daría la mitad de sus ganancias a los pobres.

¿Qué había pasado? Jesús había abierto el corazón, la mente y las manos de Zaqueo.

Corazón abierto, manos abiertas

No tenemos todos los detalles de lo que hablaron Jesús y Zaqueo, pero supongo que Jesús le dijo algo así como: «Oye, Zaqueo, tu corazón y tus manos están cerrados en torno a las cosas equivocadas. Tu corazón debiera estar inmerso en el amor de Dios y en el amor a las demás personas, y tus manos debieran estar abiertas para dar y recibir amor, pero estás tan obsesionado con acumular dinero que jamás podrás satisfacer el deseo de tu corazón».

Luego, supongo que Jesús asombró a Zaqueo con algún arranque de generosidad. Quizá le dijo a Zaqueo cómo Él, voluntariamente, iba a abrir sus manos para recibir los clavos romanos en lugar de él, y cómo podría quitar de por vida los valores equivocados que tan dolorosamente punzaban la conciencia de Zaqueo. Por último quizás, Jesús empezó a hablar del don que para un «agarrado» aislado y triste podría valer más que cualquier otra cosa:

«Después de haber sacrificado mi propio cuerpo y mi sangre en tu lugar, te voy a adoptar en mi familia. Te voy a ofrecer encargarme personalmente de que tus oraciones sean contestadas. Y cuando mueras, te voy a dar un lugar tan magnífico en el cielo que el lugar de reyes que tú tanto anhelas será como la choza de tu víctima más pobre».

Solo imagínese, por un momento, que usted es Zaqueo. Imagínese siendo el hombre a quien todos odian. Los niños huyen de su paso. Los rostros de las viudas y de los esposos se ponen rojos de ira cada vez que golpea a sus puertas. Y cuando les da la espalda, escucha las maldiciones que le lanzan seguidas de las más horribles amenazas.

Y entonces un hombre le dice que no solo quiere ser su amigo sino que le quiere tratar como a un miembro de su propia familia. Y no solo será su amigo —usted que se ha pasado la vida recibiendo portazos en las narices—, sino que lo será públicamente aun al riesgo de escandalizar a sus seguidores. Después, Él se hará cargo de su castigo y pagará por él.

Usted sabe que no ha hecho nada para merecer este favor. Que ha vivido de tal manera que este hombre tendría todo el derecho de considerarle su enemigo o, al menos, pasarle por alto. Pero Él es tan generoso con su amor. Es tan generoso con su tiempo. Y habla con tanta generosidad del futuro que usted está absolutamente pasmado.

En algún punto de esta conversación, la enormidad de la generosidad de Jesús derrite la terquedad del corazón de Zaqueo.

Sus manos ceden un poquito. No están completamente abiertas, pero los nudos ya no se ven tan blancos y los dedos ya no están doblados tan fuertemente. Zaqueo se imagina siendo otra persona. Y en este momento es cuando Jesús da el segundo paso: Abre completamente las manos de Zaqueo abriéndole la mente.

Una mente abierta

Una vez que el corazón de Zaqueo es suavizado, Jesús empieza a renovarle la mente. Pienso que quizás, solo quizás, Jesús llevó a Zaqueo a un versículo del libro de Eclesiastés, en el Antiguo Testamento, escrito por Salomón, uno de los hombres más sabios y ricos que hayan vivido jamás, y quien escribió: «Engrandecí mis obras, edifiqué casas y planté viñas. Me hice jardines y parques. Planté en ellos árboles frutales de toda clase e incluso hice estanques de agua para regar el bosque.

»Junté plata y oro, y tesoros de reyes, y luego me senté para admirar todo lo que mis manos habían hecho. Cuando me di cuenta de la energía que había tomado obtener todo eso, llegué a la conclusión de que todo era basura. Había ido tras el viento y todas mis posesiones eran tan insignificantes como un pedazo de pan añejo».

Pienso que a lo mejor Jesús personalizó la enseñanza de Salomón. «Zaqueo, algo tiene que cambiar en tu mente acerca de la naturaleza de lo que podríamos llamar "cosas". Nunca cumplen todo lo que prometen. Aun cuando logres tener más de lo que nunca has soñado, todavía tendrás un hueco en tu alma».

A lo mejor Jesús finalizó esa pequeña lección refiriéndose al ciclo económico de la locura. Esto se da cuando una persona orienta su vida a la adquisición de dinero y bienes materiales, tiene éxito hasta cierto grado, y luego se enfrenta cara a cara con el hecho de que no se siente plenamente satisfecho.

«Digamos, Zaqueo, que lo que realmente quieres es un camello. Te pasas la noche pensando cuánto más fácil sería la vida si pudieras viajar de aldea en aldea montado en un camello.

»Y entonces, un día, has ganado suficiente como para comprarte el camello y lo compras. Curiosamente no ha transcurrido ni una semana cuando te encuentras despierto otra vez, ahora pensando en comprarte una nueva cabra. Las noches son frías, cuánto más fácil sería la vida si pudieras conseguirte una nueva cabra. Así, le das otra vuelta al tornillo, a una familia por aquí, a otra familia por allá, y finalmente ganas mediante extorsiones suficiente dinero como para comprarte la nueva cabra.

»¿Será suficiente?

»¿Te detendrás ahí?»

Zaqueo está sudando. Este profeta le está contando la historia de su vida. *¿Cómo es que la conoce tan bien?*

Jesús continúa. «En lugar de mirar al cielo y decir "Dios, ayúdame a administrar mi dinero en una forma que no tiranice y arruine mi vida", piensas en lo lindo que sería tener una casa más grande. Estás comprando y gastando más, lo cual hace subir los niveles de lo que tienes que ganar el próximo año. Así que trabajas un poco más duro, te arriesgas un poco más, das algunos pasos para atrás para tomar impulso y seguir adelante, y muy pronto estás fuera de control.

»Zaqueo, te lo digo yo: eso es una locura. Sufre tu matrimonio, sufre tu vida espiritual, sufre tu carácter, y pronto una vida vivida plenamente a la imagen de Dios se reduce a una máquina de ganar y gastar dinero. Tú te mereces algo mejor que eso.

»No estoy diciendo que sea malo tener algunas cosas. Dios no te va a poner problemas por el camello y por la cabra; pero cuando el dinero llega a ser la preocupación número uno de tu vida y pones todo tu corazón solo en eso, pronto te sentirás más y más disgustado».

Poco a poco la mente de Zaqueo capta la sabiduría que hay en las palabras de Jesús. Siente que algo ha cambiado dentro de él. Hace nuevos planes. En lugar de mantenerse despierto por las noches planeando formas de extorsionar y así obtener más dinero, promete, con la ansiosa voz de un niño, encontrar nuevas formas de deshacerse de algo. «Voy a dar a los pobres el cincuenta por ciento de todo lo que tengo», anuncia. «También voy a devolver cuadruplicado todo lo que he defraudado».

Con un corazón suavizado y una mente renovada, las manos de Zaqueo por fin se abren. Pero ahora que Zaqueo ha solucionado su problema, ¿qué me dice de usted? ¿Está listo para llegar a ser un dador?

Sus manos

¿Le agrada lo que ve cuando se mira las manos? ¿O quisiera que se vieran un poco más abiertas, como las manos de Jesús o las de Zaqueo? No empiece a retorcércelas todavía. Recuerde que si Dios necesita cambiar sus manos, por lo general Él no comienza allí. Él comienza con su corazón, y eso significa que Él primero quiere inundarle de su generosidad. Él es generoso por naturaleza y quiere que nosotros también lo seamos. La transformación empieza a ocurrir cuando abrimos nuestro corazón a su bondad.

En cierta ocasión volvía a casa desde la costa oeste, y la aeromoza me entregó una nota de alguien que estaba sentado algunas filas atrás. La nota decía: «Lo vi subir al avión, pero no quise molestarlo. Usted no tiene idea de lo que Willow Creek Community Church ha significado para mí. Hace solo algunos años me encontraba cometiendo una serie de errores en mi vida. Era un adicto a mi trabajo y eso estaba arruinando mi matrimonio y alejándome de los niños».

En otras palabras, este hombre estaba viviendo con un puño cerrado. No quería dar a su esposa el afecto que ella necesitaba. No quería dar a sus hijos la afirmación y relación que deseaban. Pero por una extraña serie de circunstancias, fue a dar a la iglesia y fue sorprendido por la gracia.

En el último párrafo decía: «Nunca nos hemos visto. Ni sé si alguna vez nos encontraremos. Pero usted necesita saber que el amor de Dios no solo ha cambiado mi corazón» —eso es solo el comienzo— «sino que ha unificado mi matrimonio destrozado y ha traído a nuestros hijos de vuelta al seno de la familia».

Cuando Dios tocó su corazón, sus manos descendieron abiertas sobre su familia y la volvió a unir. Ahora, todo lo veía de modo diferente. Así es como trabaja esto. Dios comienza con el corazón y luego transforma nuestra mente.

Eso es lo que le ocurrió a mi papá hace algunos años. A medida que se acercaba a Dios y su corazón ardía más y más, empezó a pensar en formas en que pudiera devolverle algo de lo que Él le había dado. Mi papá era dueño de unas tierras en el norte de Michigan y decidió donarlas a nuestra iglesia. Así fue como nació Campamento Paraíso. En los últimos veinte años millares de vidas han sido transformadas en aquel hermoso lugar de retiro.

Es posible que usted no tengas un par de cientos de acres para regalar. Pero, ¿qué tiene? ¿Está dispuesto a darlo?

He descubierto que quizás una o dos veces en la vida de una persona Dios pedirá a sus hijos que hagan una ofrenda abnegada de alto riesgo que, cuando se piensa por primera vez en eso, hace que se agarre del asiento y tenga que esperar hasta recuperar el aliento.

Eso fue lo que le ocurrió a una mujer en la época de Jesús. Esta es la narración poderosa de una verdadera dadora, el tipo de dador que Dios quiere que nosotros lleguemos a ser.

Una ofrenda abnegada

¿Qué hace una mujer cuando se decide a dejar su vida de prostituta? La Biblia cuenta la historia de una mujer que derramó los ahorros de toda su vida sobre la cabeza de Jesús. Tomó un frasco de costoso perfume y amorosamente aplicó cada gota al Hombre que le había mostrado el camino de la vida eterna.

No era una colonia barata. Era la clase de perfume que cuando usted va a Nordstrom y ve la etiqueta y se fija en el precio, exclama: «¡Para comprarla tendría que gastar un mes de mi salario!» La mujer lo dedicó a él, hasta la última gota sin que le importara cómo se las iba a arreglar para subsistir en el futuro.

Una vez sentí ese llamado a dar. Dios me puso en el corazón una necesidad particular, y en mi mente no hubo dudas de que Él me estaba instruyendo para que literalmente diera todo lo que pudiera. Esa no es la forma habitual en que Dios nos habla. Por lo general, Dios nos llama a ser administradores consecuentes y sabios; pero en esa ocasión yo estaba seguro de que Dios me estaba pidiendo una suma de dinero en efectivo.

Cuando estaba escribiendo el cheque, mi mano temblaba y me sentí como un hombre que de pronto abre los ojos solo para darse cuenta de que va caminando por una cuerda sobre las cataratas del Niágara. Sin embargo, en forma gradual, un profundo sentimiento de paz y satisfacción inundó mi corazón.

En las próximas semanas y meses observé cómo Dios, milagrosamente, empezaba a suplir de nuevo para nuestras necesidades. También me di cuenta a través de aquella experiencia que Dios no necesitaba mi dinero tanto como deseaba que yo tuviera mis manos abiertas. Al igual que la pequeña Shauna, de cinco años de edad, yo había mantenido mi puño cerrado, y Dios quería sacar la «espina» —el mantener nuestra seguridad económica puede ser como una espina que nos afecta a todos— y lentamente, dedo a dedo, fui abriendo la mano. La sensación de libertad que experimenté fue regocijante. Déjeme decirle una cosa: No hay gozo mayor que el que procede de un acto de obediencia abnegada.

Si quiere ser realmente feliz, no lo va a ser en la acumulación interminable de cosas. Lo será al recibir la generosidad de Dios y luego hacerla parte de su vida práctica.

Sé que el Dios que usted busca es un Dios que dá, no un Dios que toma. Usted no querría tener nada que ver con un Dios que toma, y no le culpo. Pero el Dios del que estamos hablando, el Dios de la Biblia, el Dios al que yo amo, es un Dios que dio a su Hijo único por nosotros, ¡y eso solo fue el comienzo!

Cada vez que respiramos, que disfrutamos del grato sabor de una comida bien preparada, que olemos la gloria de una mañana de primavera, que retozamos con el placer de una risa franca o experimentamos la intimidad de una amistad de toda la vida no tenemos que tratar de descubrir de dónde vienen esos regalos que nos da la vida: «Los ojos de todos esperan en ti, y tú les das su comida a su tiempo. Abres tu mano, y colmas de bendición a todo ser viviente» (Salmo 145.15,16)

Y ahora tengo una noticia igualmente buena que darle. Esa nunca cambiará. Dios nunca dejará de dar. ¿Cómo podemos saberlo? Lea el siguiente capítulo y lo sabrá.

11

¿Busca a un Dios...

QUE SEA SIEMPRE EL MISMO?

■

En las luchas y conflictos así como en compartir esfuerzos, hay algo que forja vínculos fuertes. Pocas relaciones se viven con la misma intensidad de vida o muerte que la de los soldados en batalla o de los deportistas compañeros de equipo jubilosos por el éxito alcanzado. ¿Por qué los veteranos siguen teniendo reuniones periódicas para celebrar algunos años de su vida? ¿Por qué los muchachos de la escuela secundaria solo hablan del importante juego que ganaron y años más tarde, recuerdan vivamente la broma o diablura que hicieron?

He descubierto que participar en regatas es algo más que poner a prueba la calidad de un bote y su tripulación; también se logran amistades que sería imposible desarrollar en tierra. En la clase de carreras en la que participamos, dependemos de que cada uno haga su trabajo, y lo haga bien. Una maniobra equivocada, un viraje defectuoso y perderemos valiosos segundos y hasta la regata.

No todos los que forman parte del equipo de mi bote profesan fe en Cristo, pero las luchas que hemos tenido que enfrentar, las victorias que hemos compartido y los amargos malos ratos que hemos tenido que superar se han combinado para crear entre nosotros lazos significativos.

Sin embargo, en mi equipo hay un hombre en particular que tiene tanto interés en las cosas espirituales, como los adolescentes en trabajar. El pasado verano llegaba al muelle cuando corrió a encontrarse conmigo antes que yo subiera al bote.

—Bill —me dijo—, gracias por el casete que me diste con tu sermón. ¡Me ha resultado muy beneficioso!

Lo miré sorprendido.

—¿De verdad? —le dije, con tono dudoso.

—¡Claro que sí, mira! —y señaló hacia arriba, mostrando los aparejos del bote. Allí estaba mi sermón. Había sacado la cinta del casete, la había cortado en tiras y con ella había hecho «marcadores del viento»—. Ha dado excelentes resultados —me dijo.

El resto de la tripulación se echó a reír molestándome.

—Oye, Bill, es posible que cuando el viento sople realmente fuerte podamos escuchar tu voz —decían.

Supongo que para algunos de ustedes, que en este punto quizá sigan siendo buscadores, este libro haya resultado tan útil como el casete para mi amigo marinero. Sin embargo, antes que tome su decisión final, quiero dejarle un último pensamiento, algo en lo que quizá todavía no ha pensado. Su mundo está cambiando. Cada día, todo a su alrededor, desde el número de cabellos en su cabeza, las arrugas en su rostro, las amistades que aprecia, los trabajos que tiene que soportar, todo cambia.

A lo cual quizá responda: «¿Y qué?»

Quizá piense que por ahora no necesita de Dios; que todo va tan bien que no tiene de qué preocuparse. Pero llegará el tiempo en su vida cuando necesitará al Dios que le hemos venido describiendo, y cuando ese día llegue, tenga la bondad de recordar esto: Él no ha cambiado. Él no cambia. Todo lo que he dicho en este libro será tan cierto dentro de veinte años como lo es ahora.

En un mundo que se pone más caótico, llegará a descubrir al fin, como lo he descubierto yo, que esta es una de las más valiosas cualidades del Dios que usted busca: Él no cambia.

■

El trauma del cambio

Fue uno de los encuentros más difíciles que jamás haya tenido. ¡Y he tenido cada encuentros! He consolado a padres que han perdido un hijo; he ayudado a matrimonios a superar crisis emocionales ocasionadas por una aventura amorosa extra matrimonial; he sostenido las manos de un miembro de la iglesia que estaba muriendo de cáncer. Pero este ha sido quizás el más doloroso de todos.

Mi esposa y yo nos habíamos hecho cargo de dos niños para ayudar a criarlos. Un día noté que desarrollaba fuertes lazos de cariño con uno de ellos, un pequeño de ocho años de edad. El niño se quedó con nosotros por algunos meses, y pronto empezamos a ver cómo empezaban a ocurrir en su vida algunas cosas buenas.

En una ocasión, Ronnie y yo pasamos varias horas en el garaje, trabajando en armar un automóvil a escala. Se veía cautivado con el proyecto y yo veía que trataba el auto con un respeto casi reverencial. Quería poner cada parte en su lugar de modo que se viera perfecto, así que nos tomamos todo el tiempo que fue necesario.

En eso estábamos cuando llegó la llamada telefónica que yo sabía que algún día tendría que llegar. (¿Por qué tenía que ser precisamente ahora?)

Volví al garaje donde Ronnie y yo seguimos armando el automóvil. Yo oraba para que todo pudiera salir bien. Por último, le dije en la forma más tierna que pude: «Bueno, mi amigo, dentro de unos cuantos días algunas cosas van a cambiar, porque la gente que tiene que tomar las decisiones quiere llevarte a otro lugar».

Después que pronuncié esas palabras, el rostro de Ronnie se ensombreció. Pude ver la tensión en la forma en que apretaba su mandíbula. Permanecía en silencio, pero era evidente que dentro de él sus emociones estaban empezando a hervir. Quizá no debí de haberme sorprendido, pero lo estuve. Lenta pero decididamente levantó el puño y lo estrelló contra su querido auto a escala.

Pocos minutos antes, una cosa así habría sido como un sacrilegio, pero eso habría sido antes que su archienemigo, *el cambio*, hubiera echado sobre él su desagradable aliento.

Como si no hubiera sido suficiente con desbaratar el auto, se echó hacia atrás hasta dar con la pared del garaje, y gritó: «¿Qué cree esa gente que soy, una pelota de fútbol? Me tiran de allá para acá y de aquí para allá, y pateándome me llevan por todos lados. ¡Me siento enfermo y cansado de que me tomen por una pelota de fútbol!»

Ese pequeño se sentía literalmente perdido en una tormenta de cambios. Tan pronto como le parecía que estaba echando raíces en algún lado, era arrancado de allí y lo trataban de plantar en otro sitio. Cambiaba la escuela, cambiaba el barrio, cambiaba la casa y cambiaban sus «padres». A veces las cosas cambiaban para mejor, a veces cambiaban para peor, pero lo que él más odiaba era el cambio en sí mismo. Había llegado a un punto en que habría preferido una situación *mala* con tal de permanecer estable en un lugar.

¿Se ha sentido así alguna vez, deseando poder levantar los brazos y gritar «¡Basta!» y detenerlo todo?

¿Sabe cuántas veces me he tenido que quedar en un cuarto de consejería mientras uno de los cónyuges alza su dedo contra el otro y grita: «¡Tú has cambiado! ¡Tú no eres la persona con la que me casé!»?

¿Sabe cuántas veces he tenido que hablar con empleados que estaban trabajando felices en su compañía —quizá durante décadas— y la compañía fue vendida y el personal cambió y los jefes cambiaron, y la línea de producción cambió y el ambiente cambió y todo tan de repente que lamentándose, los empleados añoraban «aquellos viejos tiempos»?

Los países cambian y gobiernos enteros son sacados del poder por bien ejecutados golpes de estado. Los jugadores de la NFL son viejos a los treinta y seis y tienen que retirarse. Los hombres de estado mueren. También mueren las reinas. Estamos perdidos en un mar de cambios. Tan pronto como creemos haber aprendido cómo criar a un bebé, tenemos que aprender a disciplinar al que empieza a caminar. Cuando ya creemos ser expertos con los que empiezan a dar sus primeros pasos, tenemos que vérnosla con preadolescentes; y cuando creemos estarnos manejando bien con los preadolescentes, tenemos que enfrentar a estas extrañas criaturas conocidas como adolescentes. Nunca paramos.

Que nuestro equipo ganara la serie mundial el año pasado no significa que la vaya a ganar de nuevo este año. Peor todavía, porque uno de los cónyuges le prometió su amor a su esposo o esposa eso no garantiza que la fidelidad y la promesa se van a conservar dentro de diez años.

Las cosas cambian. *Nosotros* cambiamos. Los expertos nos dicen que la mayoría de las personas de éxito son las que han aprendido a hacer frente a los cambios. Pero estoy convencido de que la mejor forma de manejar los cambios —¿irónico?— es conocer a Dios quien no cambia. A Dios quien proporciona un ancla en el movedizo mar de los cambios.

■

Nuestro Dios no cambia

Cuando era un muchachito, recuerdo haber visto un versículo sobre el púlpito: «Porque yo Jehová no cambio» (Malaquías 3.6). Y también recuerdo que creía que esa declaración era al mismo tiempo la más obvia y la menos importante de las que haya leído en toda mi vida.

«Por supuesto», me decía, «Dios no cambia. La iglesia no cambia. El coro no cambia. ¡Nada cambia! Así que si nada cambia, ¿qué tiene de raro que Dios no cambie?»

Uno de mis problemas es que tenía un concepto completamente equivocado de lo que en realidad quiere decir la «inmutabilidad» de Dios. Yo pensaba que ese versículo quería decir que Dios estaba congelado, estático y que era incapaz de moverse. Todo alrededor de Él cambiaba, pero Él no cambiaba, y quizás era por eso que Él era eterno.

Pero un día me encontré con otro versículo que cambió mi forma de entender la inmutabilidad de Dios. En Génesis capítulo

18, Abraham tuvo una fascinante discusión cara a cara con Dios. Tomándolo como su confidente, Dios le dio a conocer su plan de exterminar a Sodoma y Gomorra a causa de su maldad. Cuando Abraham supo que si no se encontraba dentro de ella un cierto número de personas justas Dios destruiría la ciudad que su sobrino había elegido para vivir, se puso un poco nervioso. Abraham había hecho negocios en Sodoma. Había recorrido las calles de Gomorra. Y sabía que si su futuro dependía de su justicia, estaban a punto de perecer.

En un desesperado intento por evitar lo inevitable, Abraham empezó a discutir con Dios. «Oye, Dios, no destruirías a los justos junto con los pecadores, ¿verdad? Así que, ¿qué pasaría si en aquellas dos ciudades hubiera *cincuenta* justos? ¿También descargarías tu ira sobre esos cincuenta justos?»

«No», le dijo Dios, pensando en las palabras de Abraham. «Si hubiera en Sodoma cincuenta justos, por ellos no destruiría la ciudad».

Luego Abraham empezó a contar a todas las personas justas que podía recordar y que vivían en Sodoma y Gomorra. Solo pudo recordar a tres. ¡Le faltaban cuarenta y siete! Así que empezó de nuevo a «regatear» con Dios. Y Dios estuvo de acuerdo en que si había cuarenta y cinco justos, no destruiría las ciudades por esos cuarenta y cinco; luego bajó a cuarenta, y a treinta, y a veinte, y finalmente, a diez.

La primera vez que entendí las consecuencias de eso, quedé asombrado. ¿Significa entonces que Dios cambia sus planes? ¿Servimos a un Dios que reacciona a las oraciones y responde a lo que le piden los seres humanos? *Me temo que no entiendo bien la naturaleza de este asunto de la inmutabilidad*, pensé.

Encontré que la inmutabilidad de Dios, lo que quiera que fuera, no gobierna sobre un Dios que responde y que está dispuesto a reaccionar a nuestros problemas y solicitudes. No vivimos sencillamente en un mundo determinista. Tenemos un Dios que se mueve, actúa y reacciona. Pero que al mismo tiempo es un Dios absolutamente consecuente en su carácter.

■

Dios es absolutamente consecuente en su carácter

El hecho de que Dios es absolutamente consecuente en su carácter es una buena noticia, pero solo por la calidad de su carácter. A veces la consecuencia puede ser mala. Conozco a muchas personas deshonestas, perezosas y falsas. En su situación, la consecuencia es un serio problema.

Pero cuando estamos hablando de Dios, de su poder, de su presencia, de su conocimiento, de sus compromisos, de su bondad, de su generosidad, y de todo lo demás que Él es, está claro que *cualquier cambio en Él sería para empeorar.* Si Dios cambiara, eso significaría que tendría que ser menos misericordioso. Tendría que ser menos fiel. Tendría que hablarme menos y guiarme menos y yo no querría eso. Usted tampoco, ¿verdad?

Pudiera querer que mi cónyuge cambiara, que mis hijos cambiaran, que mis amigos cambiaran, que mi iglesia cambiara —y sin duda que yo mismo cambiara—; pero no que cambiara Dios.

Piensa en esto. Cualquier producto puede perfeccionarse. Alguien puede inventar un nuevo detergente para lavar que deje la ropa mucho más blanca y que no cause tanto daño al ambiente. Usted puede mejorar el cereal favorito de su desayuno agregándole más vitaminas, más fibra o haciéndolo más crujiente, ¿pero cómo podría mejorarse la omnisciencia? ¿Cómo podría perfeccionarse la omnipotencia? ¿Cómo podría mejorarse la justicia perfecta? La única forma en que Dios puede cambiar es siendo menos de lo que es, pero la Biblia es categórica cuando nos dice que eso nunca ocurrirá: «En el cual [Dios] no hay mudanza, ni sombra de variación» (Santiago 1.17).

Nota que no solo dice que no hay cambio, sino que ni siquiera hay una *sombra* de cambio. Dios no se aparta de la justicia, ni siquiera considera esa posibilidad. Él es consecuente. En un mundo donde todo cambia (y eso generalmente quiere decir que todo se deteriora) Dios permanece firme en cada aspecto de su carácter.

Aquí es donde la inmutabilidad empieza a tocar nuestra vida de una manera poderosa. A pesar de la enseñanza de la Biblia, a pesar de conocer los siglos de experiencia cristiana vivida fielmente a través de los tiempos, todavía tengo momentos en que empiezo a dudar de Dios. A veces, cuando las presiones de la vida empiezan a crecer, me digo: «No creo que Dios esté al tanto de esto. Él puede ser omnisciente pero de alguna manera esto que me está pasando escapa a su atención».

O nos metemos en una situación complicada, en la que el desastre parece cercano y Dios parece distante, y decimos, llenos de miedo: «No creo que Él esté conmigo en este momento. Esta quizá sea la primera vez en que se toma quince minutos de descanso, pero finalmente ocurrió».

O nos enviciamos con algo o iniciamos una relación destructiva o vemos a un ser querido atrapado en circunstancias adversas al parecer insuperables, y empezamos a murmurar por lo bajo: «Dios puede ser todopoderoso, pero no creo que su poder sea tal que pueda solucionar este problema».

Quizá nos digamos: ««El Dios de Moisés que dividió las aguas; el Dios de David que mató a Goliat, ese fue el Dios joven; pero, de alguna manera, con el paso de los años, los siglos han hecho su efecto en Él».

Algunos quizá tengamos miedo de que Dios haya «perdido sus atributos». Su lanzamiento ya no es tan potente. La curva de la bola ahora no es como la de antes y nosotros que quedamos en el campo somos menos capaces de esquivar a los que vienen contra nosotros.

Pero Dios clama a través del profeta Malaquías: «Porque yo Jehová no cambio» (Malaquías 3.6). Dios ha sido omnisciente desde la eternidad y lo será por la eternidad. Dios siempre estará al tanto de todo lo que le suceda. Él siempre estará presente en su vida. Cada vez que se suba a un avión, podrá descansar seguro de que Dios está en ese avión. Él no se queda en la casa ni se toma días libres. No ha perdido sus atributos.

Todo lo que Dios fue, lo es, y nosotros podemos beneficiarnos inmensamente de esta hermosa verdad. El mismo Dios que dio poder a Sansón, a Gedeón y a Pablo quiere dar poder a mi vida y a su vida, porque Dios no ha cambiado. Esta es una gran noticia para el que se compromete, pero es una noticia de poca importancia para el complaciente.

Malas noticias para el complaciente

Mientras los cristianos comprometidos encuentran consuelo en la naturaleza inmutable de Dios, otros quizá deseen fervientemente que con los años, Dios se vaya ablandando. Quizá piense que, aunque en el Antiguo Testamento Dios mostró ser severo, de alguna manera se suavizó en el Nuevo Testamento y ahora, dos mil años después, simplemente mira hacia abajo, sonríe, y dice: «Bueno, niños y niñas, espero que se porten bien este año».

Déjeme serle franco: Dios no odia el pecado con menos pasión ahora que como lo odió diez mil años atrás. Usted no va a ser juzgado en forma diferente de lo que lo fueron Adán y Eva, porque Dios no cambia sus medidas. Su medida ha sido, y siempre será, la perfección. Un solo pecado, y es culpable de todos.

Así son las cosas.

No piense que se le puede escabullir a Dios porque ahora es un poco menos vigilante que lo que era antes. Tal cosa simplemente no ocurre. Si ha cometido ese solo pecado y no ha buscado el plan de protección espiritual de Jesucristo está en peligro de ser descubierto en una forma que no le gustará.

En Washington, D.C. como en muchas otras ciudades, todas las carreteras importantes tienen una pista para vehículos que transportan a más de una persona. Si usa esa pista durante las horas de mayor congestión y no lleva las personas requeridas en su automóvil, está exponiéndose a pagar sesenta y cinco dólares si le sorprenden. Sin embargo, si hay un accidente serio o es un día feriado oficial, las restricciones sobre esta pista pueden levantarse y cualquiera puede usarla. En otras ocasiones, los choferes simplemente corren el riesgo. Entran y salen de estas pistas restringidas, esperando que ningún auto policiaco los detecte. Eso no pasa con Dios.

Él *nunca* levanta sus restricciones. No cambia sus reglas según el calendario o alguna generación en particular. No hace excepciones de ningún tipo. No dice: «Está bien, descarga tu rabia sobre tu familia. Has tenido un día duro. Te entiendo. Esta vez pasaré por alto tu pecado».

Difícil que ocurra, ¿verdad? Pero recuerda, el mismo Dios que nunca cambia sus leyes, tampoco cambia su oferta gratuita de gracia, amor, seguridad y bendiciones.

Seguridad que no cambia

Cuando Todd tenía unos cinco años, cada mañana, temprano, saltaba a mi cama y pasábamos minutos charlando. Acostumbraba atraerlo a mí y decirle:

—Te amo, hijo.

—Yo también te amo, papá —me decía.

Después yo agregaba algo nuevo, por ejemplo:

—¿Sabes una cosa? Te amaré por el resto de mi vida.

—¿Quieres decir que cuando seas viejecito también me amarás?

—¡Sí! Cuando sea viejecito también te amaré —le aseguré.

—¿Aun cuando yo tenga, digamos, treinta?

—Aun cuando tengas treinta, te amaré con todo mi corazón.

Cuando Todd se acomodaba para dormirse en mis brazos, elevaba a Dios una oración por él: *Te ruego, Señor, que jamás tenga que dedicar un momento a pensar si puedo dejar de amarte.*

No obstante, he pasado muchas horas preguntándome cuándo Dios dejará de amarme o de ser tan bueno conmigo o de bendecirme. Malaquías 3.6 y Santiago 1.17 me prometen que no seré la primera persona a la que Dios le falle. Esa persona, a la que Él le falle, no existe y preocuparnos por eso no es otra cosa que una colosal pérdida de tiempo.

Esa seguridad inmutable nos proporciona una roca firme en un mundo lleno de incertidumbre. ¿Se ha detenido a mirar últimamente un globo terráqueo de hace diez años? Desde la desaparición de la Unión Soviética hasta los cambios en África, vivimos en un mundo que no muestra signos de fronteras nacionales definidas. ¿Ha echado una ojeada a un libro de astronomía publicado hace diez años? Los recientes descubrimientos de los satélites han dejado obsoleto lo que sabíamos hace apenas diez años.

Virtualmente cada dominio de la academia y de la ciencia, el conocimiento se desactualiza casi tan rápidamente como se escribe.

Pero este estudio sobre el Dios que usted busca es un estudio que sobrevive a las edades. Si el idioma español, tal y como lo conocemos ahora, fuera descifrable dentro de dos mil años, alguien podría tomar este libro y beneficiarse del carácter inmutable de Dios al igual que una persona que lo lea a finales del siglo veinte.

Lo contrario también es verdad. Lo que se escribió para nosotros miles de años atrás es tan cierto hoy como lo era en aquel entonces. Ya que sabemos todo sobre este Dios que usted busca, alguien podría preguntar: «Bueno, y entonces, ¿qué quiere este Dios de mí?»

Los dioses del antiguo mundo pagano responderían: «Danos tu primogénito y quémalo en una pira». Los dioses de otras religiones podrían responder: «Asegúrate de obedecer todas las reglas». Pero el Dios que usted busca dice: «Dame tu corazón. Extiéndeme tus manos. Ponte los zapatos. Vamos a ir por la vida juntos».

■

Andar con Dios

En el siglo ocho antes de Cristo, Israel empezó a preguntarse: *¿Qué quiere Dios de nosotros?* Empezaron a pensar en varias posibilidades y —nadie se sorprenda— se quedaron con la respuesta incorrecta. (Todos nos equivocamos cuando tratamos de responder preguntas espirituales sin tomar en cuenta la Palabra de Dios.)

En medio de esa confusión Dios levantó a un profeta llamado Miqueas. Como parte de su enseñanza, Miqueas pasó algún tiempo recogiendo todas las especulaciones extraviadas de Israel:

¿Con qué me presentaré ante Jehová,
y adoraré al Dios Altísimo?
¿Me presentaré ante Él con holocaustos,
con becerros de un año?
¿Se agradará Jehová de millares de carneros,
o de diez mil arroyos de aceite?
¿Daré mi primogénito por mi rebelión,
el fruto de mis entrañas
por el pecado de mi alma?
Miqueas 6.6,7.

Se advierte algo de sarcasmo en estas palabras. Es como si alguien estuviera diciendo: «Un momento, ¿qué quiere de verdad Dios? ¿El diezmo? No. ¿Los ahorros de mi vida, entonces? ¿Tampoco es suficiente? Bueno, entonces, ¿qué lo satisfaría? ¿Y si le diéramos todas las acciones de la Microsoft, la IBM, la General Motors? Bueno, si eso no fuera suficiente, supongo que tendría que darle mi primogénito. Quizás eso lo satisfaga».

Miqueas concluye que nada de estas cosas lo satisface. Los que habían hecho la pregunta, no habían entendido en absoluto la naturaleza y el carácter de Dios. Ninguna de estas cosas podría satisfacer el corazón de Dios.

Siendo así ¿qué es, entonces, lo que Dios quiere? Miqueas da una sencilla respuesta que aún se aplica en el día de hoy: *Él quiere que andemos con Él.*

Así es. Solo que andemos con Él.

Miqueas lo explica así:

Oh hombre, Él te ha declarado lo que es bueno,
y qué pide Jehová de ti;
solamente hacer justicia, y amar misericordia,
y humillarte ante tu Dios
Miqueas 6.8

Hace poco mientras hojeaba un álbum de recuerdos familiares, me encontré con una foto de mi hija Shauna y yo cuando ella era una frágil bebita de un año. La foto había sido tomada en la playa de South Haven, Michigan, donde hemos pasado parte de todas nuestras vacaciones de verano. Yo me veía joven y ella se veía muy jovencita. Yo aparecía inclinado llevándola de la mano tratando de hacerla caminar por los bordes del agua. Ella parecía dar pasitos titubeantes mientras se aferraba a uno de mis dedos y yo parecía emocionado, como si no pudiera creer que Dios me hubiera entregado para que cuidara a una niña tan hermosa.

Hace poco mi hija y yo volvimos a la misma playa de South Haven, pero yo llegué allá con una niña diferente. Shauna, que ahora tiene veinte años, dijo: «Caminemos, papá». Y caminamos por la playa, tomados de la mano, y conversando animadamente. De repente, recordé la fotografía y el pensamiento me golpeó con fuerza: *Durante veinte años hemos estado caminando por este pedazo de playa.*

Lo que tenía más valor para mí no era que haya estado caminando por esa playa durante veinte años sino *con quién había estado caminando*. La compañía había dado valor a la experiencia.

Recordé el tiempo en que tenía que llevar a Shauna a la escuela. Habíamos estado escuchando un reportaje sobre un orfanato mientras ella jugaba con los seguros de puertas y ventanas.

«Es mejor que tengas cuidado, mi amor», le dije, bromeando, «o si no te voy a tener que dejar en un orfanato».

Una hermosa sonrisa cubrió lentamente todo el rostro de Shauna. Se volvió a mí y me dijo: «Oh papá. No aguantarías ni cinco minutos».

Ella tenía razón. Me conocía perfectamente. Si hubiéramos estado jugando póquer, me habría limpiado. ¡Sabía que el estar juntos ella y yo era uno de los deleites más grandes de mi vida!

Y ahora, varios años después, era su compañía la que daba tanto sentido a esta caminata por la playa. ¿Qué hace que una caminata una tan fuerte nuestros corazones? Una caminata es la que hacen dos personas que se aman cuando quieren estar juntas. Una caminata es la que mantiene unidas las generaciones de padres e hijas y madres e hijos. Una caminata es lo que esposos y esposas hacen cuando quieren estar cerca el uno del otro y disfrutar su presencia.

Y una caminata es lo que los discípulos de Cristo hacen cuando quieren disfrutar de la amorosa compañía de Dios. Todos nosotros caminaremos nuestros dieciocho años, o treinta y seis años, u ochenta años o incluso cien años por la «playa» de esta vida, pero ¿de la mano de quién lo haremos? ¿Del compañerismo de quién nos gozaremos en esa caminata?

La respuesta a esas preguntas determinará mucho en la vida.

Entonces ¿qué quiere hacer con nosotros el Dios del universo? Él está diciendo ahora mismo: «Salgamos a caminar. Toma mi mano y andaremos juntos por la vida».

¿Qué significa andar con Dios? Significa que cuando despierto por la mañana, mi primer pensamiento consciente es *Buenos días, Dios. Estoy feliz de que estés en mi vida.* Cuando me estoy preparando para salir al trabajo, Dios amablemente me recuerda que el día de hoy tiene algo más que citas, titulares de prensa y sermones. Hay personas que necesitan que alguien las toque, errores que necesitan corregirse, necesidades que hay que atender, gozo que derramar y amor para dar y para recibir.

Mientras viajo en el auto durante las mañanas, pongo un casete con música de adoración que me relaja y me hace pensar en Él.

Mientras transcurre el día, Dios me va haciendo indicaciones. Si digo algo inconveniente, Él me apretará la mano a lo que yo responderé: «Sí, Señor. Lo sé. Lo sé». Y Él me dirá: «Está bien, pero vamos a ser sinceros, y vamos a empezar con "Lo siento"». Y cuando yo lo digo, Él me apretará de nuevo la mano y me dirá: «Bien, ahora sigamos caminando».

No me gusta ser demasiado absorbente, pero realmente hay ocasiones en que estoy tan ocupado que me olvido de Dios. Entonces es cuando Dios me recuerda que debo bajar un poco el ritmo y volver a concentrarme. Hace poco iba caminando apresurado desde mi oficina hasta una sala al otro lado del edificio de la iglesia para reunirme con algunos líderes. Había planeado todo, incluso cuánto me tomaría caminar y cuán rápidamente tenía que ir para llegar a tiempo a la reunión.

A medio camino, vi a un miembro del personal de mantenimiento del edificio de la iglesia lavando una ventana. Lo hacía con el entusiasmo de alguien a quien le acaban de comunicar que ha sido sentenciado a muerte. Pensé: *Si este fuera un combate entre el trapo y la ventana, sin duda que ganaría la ventana.* Iba a seguir mi camino, cuando sentí que Dios me estaba apretando la mano y susurrando: *Detente. Pregúntale qué está haciendo. Parece que sufre.*

Así que me detuve y le dije: «¿Te sientes bien?» Me miró y sus ojos me dijeron: «No me siento bien, pero usted está siempre tan ocupado. Y si empiezo a contarle lo que está rompiendo mi corazón usted me va a decir: "Bueno, lo siento pero voy apurado"; y eso va a ser aun más doloroso para mí».

Dios me apretó la mano —un poco más fuerte esta vez— y dijo: *Que la otra reunión espere.* Entonces volví a hablarle al hombre y le dije: «En realidad no estoy tan apurado. Cuéntame lo que te pasa». Y lo que me contó fue una clase de sufrimiento que solo algunos podíamos entender. Así que me pasé veinte minutos dándole ánimo y orando con él.

Más tarde, cuando pensé en ese momento con Dios y el hombre de la ventana, me di cuenta de que ese empleado probablemente había oído centenares de mis sermones. Años más tarde, al contemplar el pasado y reflexionar sobre la influencia que mi vida había tenido en la suya, es probable que no recordara muchos de ellos; pero sin duda sí recordaría el día en que me detuve para hablarle cuando la ventana estaba ganando.

Si aquel día no hubiera estado caminando con Dios, no habría sentido ese apretón de mano ni oído cuando me dijo que me detuviera. Habría pasado de largo, y tanto ese hombre como yo no habríamos tenido lo que ese encuentro nos produjo.

Cuando camino con Dios, y cuando regreso a casa de mi trabajo, Dios puede susurrarme esa clase de cosas que necesito recordar para ser un buen padre para mis hijos y un esposo amante para mi esposa. Si escucho atentamente, el resto de mi noche será transformada, y hay buenas posibilidades de que toda mi familia y yo nos vayamos a dormir con una sonrisa en el rostro en lugar de con un dolor en el corazón.

Cuando al fin ponga la cabeza en la almohada, diré: *Bueno, no hice nada espectacular hoy, pero caminé contigo, Dios, e hice algunas cosas bien. Fue lindo. Gracias.*

Si no entiende lo que estoy describiendo, entonces no entiende el cristianismo. Yo tampoco lo entiendo completamente, pero en el centro del corazón de Dios hay un anhelo de caminar hoy, y mañana y siempre *con usted*. Sí, *con usted*. Él anhela expresarle su amor, y guiarle y alimentarle y corregirle y perdonarle, y darle suficiente gracia y fuerza para enfrentar cualquier problema que se le presente. Si no vive así hoy, se está privando voluntariamente de la parte más hermosa de lo que significa vivir plenamente.

Hay muchísimas personas que no entienden lo que estoy diciendo, así que lo voy a decir directamente. Respire hondo, de modo que pueda captar toda la fuerza de la siguiente afirmación. ¿Está listo? Aquí está: *El Dios que usted busca le ama profundamente.*

Permítame darle algunas otras noticias alentadoras: Su amor por usted se basa en lo que Él es, no en lo que usted haga, por eso, su amor *nunca* menguará. Por ese amor, Dios quiere caminar con usted hoy, y quiere caminar con usted mañana, y pasado mañana y por toda la eternidad.

Y cuando en realidad caminamos con Dios, la vida poco a poco empieza a tener sentido. No estoy diciendo que va a ser perfecta o incluso nada más que placentera. Pero sí estoy diciendo que gradualmente iremos experimentando el cumplimiento de la promesa de Jesús que encontramos en Juan 10.10: «Para que tengan vida y para que la tengan en abundancia».

Permítame una ilustración marina más para unir todo lo relacionado con el Dios que usted busca.

■

El «Rock Star» y la regata

Fue la regata más importante del año: el Campeonato de los Grandes Lagos 1996. En esa serie de siete carreras, todos los botes de nuestra categoría se unen para decidir cuál es el campeón.

En otras palabras, tienes para fanfarronear 365 días.

Esta no era una regata como para tomarla a la ligera. Esto no era algo en que la tripulación se formara al azar. Esta regata es para que el dueño del bote ponga en ella su mejor y más absoluto talento.

Debido a una serie de circunstancias no planeadas en los últimos cinco años había desarrollado una creciente amistad con John Bertrand. John es un «regatista» profesional que ha competido en la Copa de los Estados Unidos y a quien se le reconoce como uno de los mejores del mundo, un verdadero «rock star». (Se les llama así a los «regatistas» profesionales del nivel de John) Las reglas permiten que cada bote tenga un «rock star». Un día tuve la fantástica idea de enviarle un fax invitándolo a que fuera el táctico de nuestro bote. Le veía tantas posibilidades a esa invitación como que Michael Jordan viniera a jugar un partido de baloncesto con el equipo del barrio.

Para mi sorpresa y alegría, John aceptó mi invitación.

Imagínese en el estadio lleno de gente. Empiezan a entrar en la cancha los jugadores y de pronto aparece Michael Jordan. Todos se sorprenden y usted, sereno, dice: «Él juega con nosotros».

Como para morirse.

John llegó el día antes de la regata y de inmediato comenzó para mí una sesión de trabajo sobre cómo hacer las cosas bien. Cada hábito mío, desde cómo navegar hasta cómo dirigir, era revisado minuciosamente por el maestro.

Cuando subimos al auto, John tomó la lista de la tripulación y me dijo: «Hábleme de cada uno de los miembros del equipo. ¿Hasta qué punto son buenos? ¿Hábleme de sus personalidades? ¿Cuál es el fuerte de cada uno? ¿Cuál es el punto débil de cada uno? ¿Qué los motiva? Para animarlos y enseñarles necesito conocerlos».

Lo siguiente que preguntó era detalles relacionados con el bote y el equipo. «¿Somos rápidos? ¿Somos lentos? ¿Está preparado el bote? Y el aparejo ¿está listo? ¿Cómo están las velas?»

Luego hablamos de la competencia. «Quiero memorizar los nombres de los cuatro o cinco mejores botes», me dijo. «Necesito saber dónde está el bote líder durante toda la carrera y cómo podemos dejarlo atrás».

En seguida, empezamos a hablar de la tripulación. «¿Qué es lo mejor que hacemos? ¿Somos buenos en la arrancada? ¿En los virajes? ¿En circundar las marcas?

Observar la forma en que un regatista famoso internacionalmente se enfrenta al reto de una regata me ayudó mucho. Me di cuenta de que John no había llegado al nivel en que estaba por simple accidente; él tenía un plan montado y lo seguía estrictamente.

Una vez que estuvimos en el agua, de nuevo llegaron los retos. El procedimiento normal mientras se toma la línea de partida es comprobar una o dos veces las condiciones del viento. Se pone el bote frente al viento, se usa la brújula y se determina el lugar desde donde está soplando el viento lo que permite llegar a la línea de partida. Antes de la primera carrera, John nos hizo comprobar las condiciones del viento unas diez veces, y mantuvo a la tripulación haciéndolo durante todo el día. Bajo la dirección de John hicimos por lo menos siete comprobaciones del viento antes de cada carrera.

Por su ejemplo me di cuenta de que —y esto es importante— para competir al más alto nivel es necesario trabajar duro y dejar las menos oportunidades posibles a los demás.

Una vez que la carrera comenzó, John fue intransigente en exigir de la tripulación lo mejor de cada uno. Antes que maniobráramos recuerdo que nos decía: «Muy bien, aquí vamos a hacer un viraje y necesito que hagan el mejor viraje que hayan hecho jamás». Tan pronto como la maniobra estaba completada, venía el reconocimiento. «Gran viraje, muchachos, gran viraje».

Llegó el momento en que cada uno de nosotros tuvo que saltar sobre el brazal en el que nos sentamos para aumentar la velocidad del bote. La voz de John rugía por sobre el ruido del viento: «¿Están haciendo todas las fuerzas que pueden? ¿No pueden presionar un poco más?»

Oírlo demandando de nosotros el máximo era de inspiración para mí. Me di cuenta de que nunca volvería a la casa después de un día de trabajo en la iglesia sintiéndome bien si había desperdiciado un poco o mucho de tiempo. Los días en que me siento mejor son los días en que sé que Dios ha obtenido de mí lo mejor.

Cuando cada carrera hubo terminado, y antes que sonara el disparo final, John se incorporó y fue dando las gracias por sus esfuerzos a cada uno de los miembros de la tripulación. No me sorprendió cuando lo hizo la primera vez, pero no dejó de sorprenderme cuando hizo lo mismo en cada una de las siete carreras.

Cuando volvimos al muelle, John volvió a sorprendernos cuando nos ayudó a limpiar el bote. Por regla general, los «rock star» no hacen ese trabajo. No halan velas, no hacen reparaciones (se dejan tomar algunas fotos o firman autógrafos pero no el trabajo sucio). Pero una vez que estuvimos de vuelta en el muelle, John permaneció en el bote como el resto de nosotros y preguntó: «¿Hay algo que reparar? ¿Hay algo que halar? ¿Algo para limpiar?»

Seguramente usted estará preguntando cómo nos fue con la regata. Pues en seis carreras obtuvimos el primer lugar y en una, el segundo. Como por reglamento es posible perder una carrera, ganamos la regata con todos los primeros lugares, fue la primera vez en la historia de nuestro equipo.

Cuando después de finalizada la carrera volvíamos al muelle, otras tripulaciones nos hacían bromas levantando los brazos y gritándonos: «No fuimos capaces. Lo reconocemos».

Eso es lo que pasa cuando consigue integrar a su equipo a un Michael Jordan o a un John Bertrand.

Aquel día fue maravilloso para mí. No sé cuántas horas he pasado en el mar, demasiadas para llevar la cuenta, pero nunca olvidaré los pocos días que pasé con John.

Lo mismo puede ser verdad en cuanto a la vida en general. En todo invertimos nuestro tiempo, pero ¿está este tiempo prisionero de frustraciones y de falta de oportunidades? Entonces es cuando me doy cuenta de que andar con Dios es un poco como navegar con John Bertrand. Tiene que trabajar, tiene que hacer giros y vueltas, todavía comete algunos errores, pero es una persona diferente si tiene con usted en cubierta a alguien de tanto conocimiento y capacidad. Y además es tan estimulante.

Nunca más tendrá que navegar solo ningún día de su vida. Puede ir por las aguas profundas de esta vida de crisis en crisis, solo en su bote, o puede navegar con el Dios que no solo sabe cómo arreglárselas con las ondas, sino que las gobierna. Él es todo conocimiento, eterno presente y todo poder. Él no le mantiene en la duda sino que es un amigo expresivo y apasionado. Él actúa como refugio en todas sus tormentas. Él es un compañero generoso y amable cuyo compromiso con usted no tiene paralelo. Nunca tendrá que preocuparse de despertar un día y encontrar que Él ya no está. Él le guiará a través de cualquier situación y nunca dejará que se extravíe.

¿No es este el Dios que usted busca? ¿No es este el Dios que necesita? Si, después de todo, sigue siendo un buscador, ¿le puedo hacer una última sugerencia? Déle una oportunidad a Dios, solo una oportunidad. Quizá pueda hacer lo que un amigo nuestro hizo. Mi esposa y yo habíamos estado tratando de ayudar a una mujer y a su esposo a entender quién es Cristo y cómo realmente es Él. Una mañana, la esposa decidió darle a Dios una oportunidad al tratar de comunicarse con Él.

Todo comenzó muy inocentemente. Ella despertó y pensó: *Lo puedo hacer ahora mismo, así que lo haré*. Esto fue lo que nos escribió en una carta:

> Esta mañana hablé con Dios. No había planeado una cosa así. Pero la casa estaba en silencio, mi esposo se había ido al trabajo, así que sencillamente empecé a hablar con el Señor. Nunca lo había hecho, en realidad. Por supuesto que cuando era joven rezaba el rosario con mi abuelita y me sabía de memoria el «Salve María» y el «Padrenuestro», pero esto era diferente. Decía todas esas cosas porque se suponía que tenía que decirlas. Esta mañana, por alguna razón, *quise* hablar con Dios.

Y terminaba su carta diciendo:

> Mientras hablaba con Dios, debo admitir que me sentía incómodo, vulnerable, asustada, y sin embargo de alguna manera muy aliviada. Sé que pronto voy a volver a hablar con Dios. Les cuento esto porque confío en ustedes y sé que los va a alegrar.

La torpeza, la «extrañeza» e incluso el miedo es todo de esperarse cuando por primera vez se da cuenta de que tiene un amigo. Pero ella va progresando. Está empezando a entender.

¿Y usted? ¿Cómo es su experiencia?

En cuanto a mí, estoy absolutamente convencido de que podría perderlo todo —incluso familia y amigos— y sobreviviría. Sería sumamente doloroso por supuesto, pero quizá después de cuarenta o cincuenta años de recuperación podría esbozar una sonrisa de cuando en cuando. Nunca podría volver al cristianismo ejecutivo de alto nivel pero no podría sobrevivir ni un solo día sin la amistad de Cristo. Ni un solo día.

Tarde o temprano todos volvemos nuestra mirada a Dios. En realidad creo que el Dios de la Biblia, el Dios que amo, es el Dios que usted busca. Puede estar en lo más alto del triunfo o sepultado en las profundidades de un valle despiadado, pero sea que en el éxito o en el fracaso abra los ojos, estoy seguro de que va a encontrar a Dios a través de una relación de vida cambiada con Jesucristo.

La buena noticia es esta: Él no está oculto. Él está aquí. Y está listo para tomarle la mano y caminar con usted por esta vida. Y llevándole de la mano entra con usted en la vida venidera.

De usted depende.

ACERCA DEL AUTOR

Bill Hybels es el pastor fundador de Willow Creek Community Church en South Barrington, Illinois, y es presidente de la junta de la Asociación Willow Creek. Es el autor de los éxitos de librería *Sea un cristiano auténtico* , *Too Busy Not to Pray*, *Rediscovering Church* y *Descending into Greatness*, y es coautor con Mark Mittelberg de *Becoming a Contagious Christian.*